KB175043

남양주 서·화가

남양주 서·화가

임병규 · 윤종일 · 김영만 · 민경조 지음

경인문화사

차례

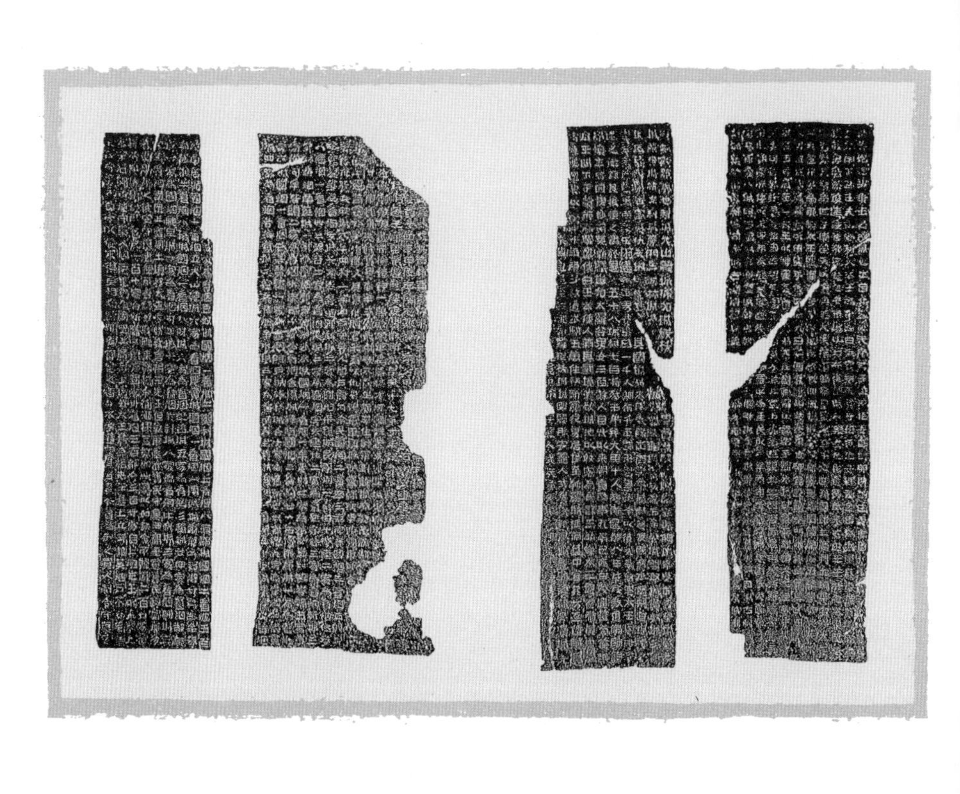

김상용金尙容

1561.5.9(명종 16)~1637.1.22(인조 15)

김상용은 조선 중기 문신으로, 자는 경택景擇, 호는 선원仙源·풍계楓溪·계옹溪翁이요, 본관은 안동이다. 돈녕부도정敦寧府都正을 역임한 김극효金克孝의 아들이며, 정승 김상헌金尙憲의 형이고, 장령 김번金璠의 증손이요, 정승 정유길鄭惟吉의 외손이다.

1582년(선조 15) 진사가 되고, 1590년 별시別試 문과文科에 급제하여 승문원부정자·예문관검열이 되었다. 1592년(선조 25) 임진왜란이 일어나자 강화 선원촌仙源村으로 피난했다가 정철鄭澈의 종사관이 되어 왜군토벌과 명나라 군사 접대에 공을 세워 1598년 동부승지에 발탁되고, 그 뒤 왕의 측근에서 전란 중의 여러 사무를 보필하면서 성절사聖節使로서 명나라에 다녀왔다. 1601년 대사간이 되었으나 북인北人의 배척을 받아 상주목사로 나갔다. 이후 지방관을 전전하다가 1608년(광해군 즉위) 잠시 한성우윤·호조참판·부총관을 역임하고, 도승지를 지낸 뒤 계속 한직에 머물렀다. 1617년 인목대비仁穆大妃 폐모론이 일어나자 이에 반대하여 벼슬을 버리고 7년간 원주로 거처를 옮겨 화를 피

김상용의 묘 ⓒ김준호

했다. 1623년 인조반정仁祖反正 뒤 판돈녕부사에 기용되었고, 이어 병조·예조·이조의 판서를 역임하였으며, 정묘호란丁卯胡亂 때는 유도대장으로 서울을 지켰다. 1630년(인조 8) 기로소에 들어갔고, 1632년 우의정에 발탁되었으나 늙음을 이유로 바로 사퇴하였으며, 1636년 병자호란丙子胡亂 때 묘사주廟社主를 받들고 빈궁嬪宮·원손元孫을 수행하여 강화도에 피난하였다가 성이 함락되자 성의 남문루南門樓에 있던 화약에 불을 질러 순절하였다.

어려서 외할아버지인 정유길鄭惟吉에게서 고문古文과 시詩를 배웠고, 성혼成渾과 이이李珥의 문인으로서 황신·이춘영·이정구·오윤

김상용의 글씨, 가평 「이정구 신도비」 전액에서

겸 · 신흠 등과 친밀했으며, 당색이 다른 정경세鄭經世와 도학道學으로써 사귀었다. 정치적으로 서인西人에 속하면서 인조仁祖 초에 서인西人이 노서老西 · 소서少西로 갈리자 노서의 영수가 되었다.

『인조실록』에 의하면, 김상용은 강화의 남문루南門樓에 올라가 화약을 쌓아놓고 그 위에 올라앉은 다음에 불을 질러 스스로 불타서 죽었으며, 손자 한 사람(김수전)과 종 한 사람도 따라 죽었다고 전한다. 그의 순절경위 등을 전해주는 자료로는 그 밖에 『금의정강도정축록金議政江都丁丑錄』이 있다. 이 책은 김상용의 순절경위와 추숭推崇의 전말, 그리고 치제문致祭文 등을 그의 아들 광환光煥이 수집하여 1641년(인조 19)에 편찬, 간행하였다. 이 책은 그의 순절을 명백히 알릴 목적으로 편찬된 것이지만 병자호란 때의 참상을 잘 보여주는 귀중한 자료이다. 한때 그의 죽음을 놓고 자분自焚이 아니라 실화失火 때문이라는 이설이 있었으나, 박동선 · 강석기 · 신익성 등의 변호로 정려문旌閭門이 세워지고, 1758년(영조 31) 영의정에 추증되었다. 양주 석실서원石室書院, 강화 충렬사, 평북 정주 봉명서원鳳鳴書院, 함남 안변 옥동서원玉洞書院,

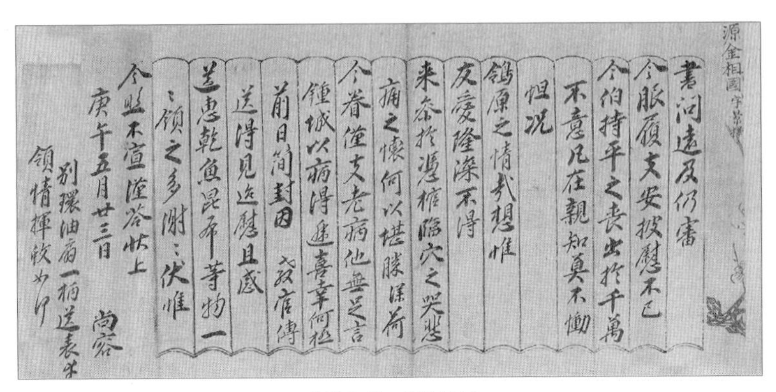
書問遠及仍審
令脈履支安披慰不已
令伯持平之喪出於千萬
不意凡在親知莫不慟
怛況
鴒原之情找想惟
友愛隆深不得
來吝於遷柩臨穴之哭悲
痛之懷何以堪勝深荷
令眷僅支老病他無足言
鍾城以病得遞喜幸何極
前日簡封因 敎宮傳
送得見迨慰且感
送惠乾魚昆布等物一
一領之多謝謝伏惟
令照不宣 謹答狀上
庚午五月廿三日 尚容
別環油扇一柄送表寸
領情揮敎如何

김상용의 지본묵서

경북 상주 서산서원西山書院, 정평 모현사에 제향되었다. 문집으로는 『선원유고仙源遺稿』가 있고, 시호는 문충文忠이다. 남양주시 와부읍 덕소리 석실마을에 묘역과 신도비가 있다.

시와 글씨에 뛰어났는데, 특히 서체는 이왕二王의 필법을 본뜨고, 전篆은 중체衆體를 겸하였으며, 평양의 「숭인전비崇仁殿碑」 및 풍덕군수 장인정의 비에 전액篆額을 남기고 있다. 시조로 「오륜가五倫歌」 5장, 「훈계자손가訓戒子孫歌」 9편 등이 전한다.

작품으로는 용인 이기李堅 신도비, 풍덕군수 장기정張麒禎 비, 가평 이정구李廷龜 신도비, 이계李啓 신도비, 용인 이석형李石亨 신도비, 양주 박율朴栗 신도비, 강화 황형黃衡 신도비, 광주 신흠申欽 신도비, 과천 심우준沈友俊 묘갈, 거모리 한준겸韓浚謙 신도비, 능곡리 유자신柳自新 신도비, 대사헌 박응복朴應福 신도비, 평양 숭인전崇仁殿 전액, 남양주 김종金綜 묘갈, 김극효金克孝 신도비, 여주 한효윤韓孝胤 전액, 고양 유형柳珩 신도비, 성남 조몽정曹夢禎 신도비, 시흥 김제남金悌男 신도비 · 이이李珥 신도비 · 한백겸韓百謙 신도비 등이 있다.

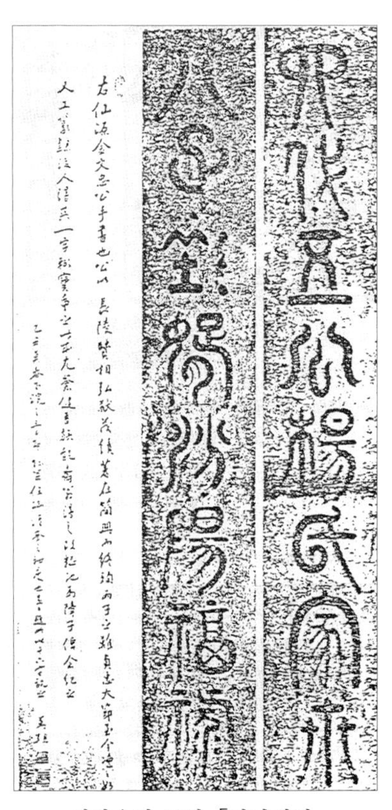

김상용의 글씨, 「전서대련」

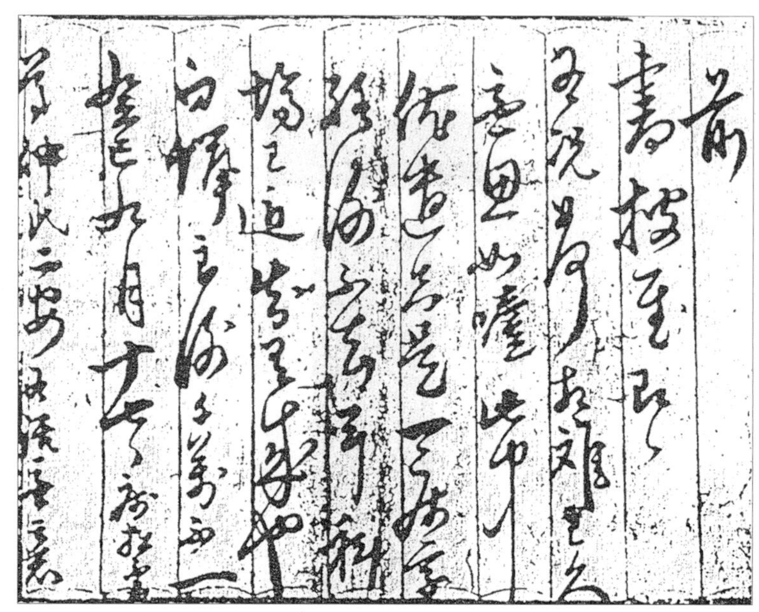

김상용의 편지

참고문헌

『청북서화가명자호보』;『간역당집簡易堂集』;『선조실록』;『진단인물』;『해동명신록』;『근역서화징』;『광해군일기』;『인조실록』;『국조인물고』;『국조인물지』;『한국인명대사전』; 한국정신문화연구원,『한국민족문화대백과사전』4 · 12, 1991 ; 안동김씨대동보 간행위원회,『안동김씨세보』, 1982.

[http://남양주타임즈 2010.1.9]

김창협 金昌協

1651.1.2(효종 2)~1708.4.11(숙종 34)

김창협의 묘 ⓒ윤종일

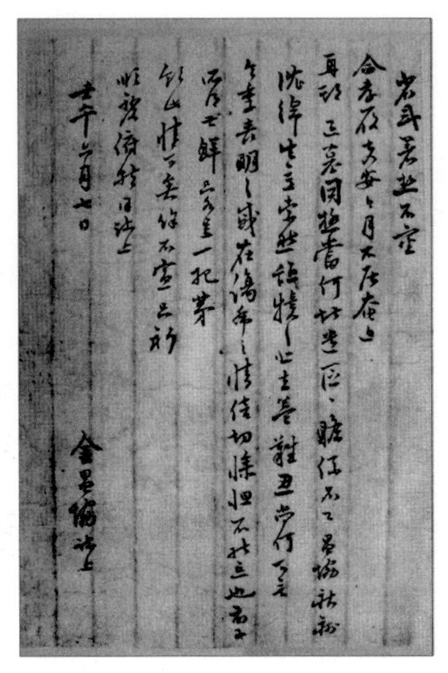

김창협의 글씨, 「농암집」에서

조선 후기 학자로 자는 중화仲和, 호는 농암農巖, 삼주三洲, 본관은 안동이다. 좌의정 김상헌의 증손자이며, 아버지는 영의정 김수항金壽恒이며, 어머니는 안정 나씨安定羅氏로 나주목사 나성두羅星斗의 딸이다. 영의정을 지낸 김창집金昌集의 아우이며, 정관재靜觀齋 이단상李端相의 사위이다.

1669년(현종 10) 진사시에 합격하고, 1682년(숙종 8) 증광문과에 급제하여 일찍 조정과 재야의 선망을 받고 축하를 받았으나 선생의 낙은 거기에 있지 않았다. 이조좌랑 · 이조정랑 · 홍문관 수찬 · 홍문관 교리 · 사헌부지평 · 집의 · 사간원 헌납 · 대사간 · 승정원 동부승지 · 성균관대사성을 역임하였다. 송시열宋時烈의 『주자대전차의朱子大全箚疑』를 왕명을 받아 교정하였다.

실제 우암 송시열은 『주자차의朱子箚疑』를 저술할 때 농암 김창협의 설을 많이 따랐으며, 임종 무렵 마무리를 지어달라고 부탁하였다고 한다. 청풍부사로 있을 때 기사환국으로 아버지가 진도에서 사사되자, 벼슬을 그만두고 영평永平 백운산에 은거하였다. 1694년 갑술옥사 후 아버지가 신원됨에 따라, 호조참의 · 예조참판 · 홍문관제학 · 이조참판 · 대제학 · 예조판서 · 세자우부빈객 · 지돈녕부사에 임명되었으나 모두 사직하고 학문에 전념하였다.

평소에 부드럽고 화기가 가득하지만 의리를 변핵함에 있어서는 성조聲調를 높여 기절氣節이 강개하여 담봉談鋒을 범하지 못하였고, 선입先入한 의견을 내세우지 않아 다른 사람의 의견이 옳으면 곧 주장한 바를 양보하였다. 후학을 순순히 교화하여 모두 심복하게 하였다. 문장은 단아순정端雅純正하여 구양수歐陽修의 정수를 얻고, 시는 두보杜甫의 영역에 출입하였으나 답습과 조회藻繪를 일삼지 않고 고고건아高古健雅하였다. 학문은 퇴계 이황李滉과 율곡 이이李珥의 설을 절충하였다. "사단四端은 선善뿐이고 칠정七情은 선과 악을 겸하였으니, 사단은 오로지 이理만 뜻하고 칠정은 기氣를 겸한 것"이라는 이이李珥의 설에 대하여, 다만 "氣까지 겸하였다 하는 한 구절이 다르다. 칠정七情이 비록 理와 氣를 겸하였더라도 그 선한 것은 氣가 능히 理를 따랐음이요,

그 선하지 않은 것은 氣가 능히 理를 따르지 않은 것이니, 처음부터 氣가 주된 것"이라고 하여 이황李滉의 기발이승氣發理乘의 설을 찬동하였다. 또 인심도심설人心道心說에서도 "氣의 맑은 것이 다 선하나 선한 정情이 모두 맑은 氣에서 나왔다 함은 옳지 않으며, 정의 악한 것이 탁濁한 기에서 나왔으나 탁한 氣가 발發하여 된 정이 모두 악하다고 할 수는 없다. 인심의 동動함에 理가 비록 氣에 탔어도 氣가 또한 理의 명령을 듣는 것이다. 만약, 선악의 정을 모두 氣의 청탁에 돌린다면 理의 실체와 성性의 선함을 보지 못할 것이다."라고 하였다. 또 『성악논변性惡論辨』에서는 "사람의 성은 본래 선한 것이나 순경荀卿이 인성을 악하다고 말한 것은 기요, 성이 아니다. 대체로, 사람이 세상에 날 때 氣는 질質이 되고 理는 성이 되는 것인데, 理에는 선만 있고 악이 없으나 氣에는 선한 것도 있고 선하지 못한 것도 있으니, 사람에게 선하지 못함이 있음은 氣의 소위이다."라고 규정하였다. 대체로 이기설은 이이李珥보다는 이황李滉의 설에 가까우며 호론湖論을 지지하였다.

낙론洛論 계열인 농암 김창협과 삼연三淵 김창흡金昌翕 형제는 우암 송시열과 정관재 이단상의 학통을 계승하여 서울과 한강유역, 즉 양주 석실서원을 근거지로하는 경학京學을 주도함으로서 학계의 주류로 부상하였다. 당시 우리나라의 문체는 식암息庵 김석주金錫胄(1634~1684)와 농암 김창협에 이르러 일변하였으며 모두가 이를 따를 정도였다. 정조正祖도 농암 김창협과 삼연 김창흡에 대한 시문평詩文評에서 "농암의 시문은 우아하고 깨끗함은 삼연의 시문은 맑고 고담枯淡하다."고

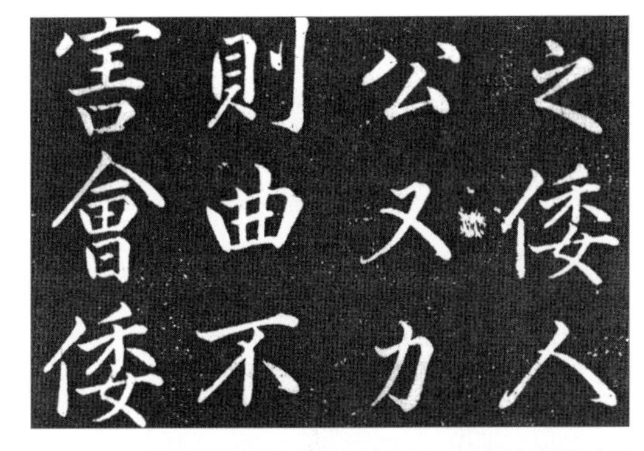

김창협의 글씨.
「이만웅 신도비」에서

김창협의 글씨.
「이단상 신도비」에서

하였다. 이 시기에 양주 석실서원을 중심으로 우리나라의 진경문화眞景文化가 꽃을 피우게 되며 제자인 겸재謙齋 정선鄭敾(1676~1759)은 조선의 고유화풍을, 역시 제자인 사천槎川 이병연李秉淵(1671~1751)은 진경시眞景詩로서 시화일치詩畵一致의 경지를 성취하며 진경시화운동眞景詩畵運動을 이끌었다.

한편 그림에도 조예가 있었다. 현재 농암 김창협의 작품은 수준을

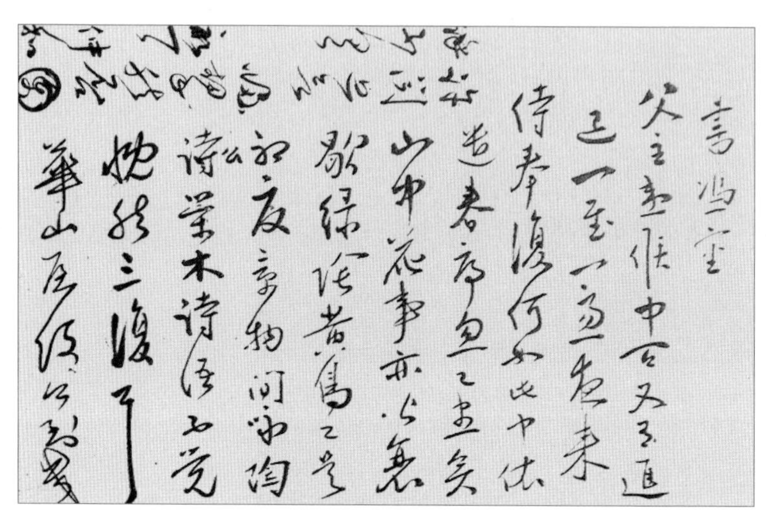

김창협의 글씨, 「농암집」에서

가늠할 수는 없으나 김매순金邁淳의 문집 『대산집臺山集』의 기록을 참고하면 노호老湖 오희상吳熙常댁에 농암 김창협의 그림과 부채 상자가 보관되어 있었는데 그 위에 언문으로 "부친이 그리신 가을 풍경"이라고 쓰여 있는 것으로 보아 산수화로 여겨진다. 오희상의 증조모의 친필이다. 즉 노주의 증조모는 농암 김창협의 따님이 된다. 그 명銘은 농암 김창협이 지은 것으로 "여자의 몸으로 선비의 지식을 가진 자(女子身儒士識者)"라도 되어 있다. 찬贊에 다음과 같이 기록되어 있다.

> 거룩하다 삼주여! 丕哉三洲
>
> 도에는 면류관이고 글에는 패옥이네. 道冕文佩

김창협의 글씨, 「이일상 신도비」 전액

온갖 재주 나머지에 藝能之餘

그림까지 능했구나. 旁及粉繪

잠간 재미로 그렸으니 簿言游戲

대개 젊었을 때 한 것이네. 盖在初年

그렸지만 남겨두질 않아서 寓而不留

세상에 전하는 게 하나도 없다네. 遂絶無傳

우담화(優曇畵 : 3000년에 피는 꽃)한 송이만이 優曇一朶

이 부채에 남아 있을 뿐이네. 見此便面

저서로는 『농암집』·『주자대전차의문목朱子大全箚疑問目』·『논어상설論語詳說』 등이 있다. 숙종肅宗 묘정廟庭에 배향되었으며, 시호는 문간文簡이고, 남양주 와부읍 석실에 묘소가 있다. 특히 문장에 능하며 글씨도 잘 써서 문정공文貞公 이단상李端相 신도비 후기後記(1701년), 감

김창협의 글씨. '金剛門'과 금강문 글씨에 있는
"三洲金昌協 書" 및 "三洲丈室"이라는 낙관 ⓒ임병규

사 이만웅監司李萬雄 비, 김숭겸金崇謙 묘표, 고양의 김명원金命元 신도비 전액, 금강산 김강문金剛門 암각문(1999년 임병규 발굴), 가평 이일상李一相 신도비 전액(1703) 등이 있다. 숙종의 묘정에 배향되고, 양주 석실서원石室書院, 전남 영암 녹동서원鹿洞書院, 함북 경성 화곡서원華谷書院에 제향祭享되었다.

참고문헌

오세창,『근역서화징』, 시공사, 1998. ; 김매순,『대산집』, 1879. ; 맹인재,『청북서화가명자호보』, 통문관, 1979. ; 채환종,『농암 김창협 문학연구』, 충남대박사학위논문, 1994. ; 김창협,『농암집』;『숙종실록』;『국조인물고』;『조선인명사서』;『한국인명대사전』, 신구문화사, 1976 ; 한국정신문화원,『한국민족문화대백과사전』4 · 5, 1991 ; 안동김씨대동보 간행위원회,『안동김씨세보』, 1982.

[http://남양주타임즈 2010.1.12]

신용개申用漑

1463(세조 9)~1519.10.3(중종 14)

신용개申用漑는 조선 초기 문신으로, 아명은 백악白岳, 자는 개지漑之·재유纔踰, 호는 이요정二樂亭·송계松溪·수옹睡翁, 본관은 고령高靈이다. 함길도 관찰사를 지내다 이시애李施愛의 난 때 해를 입은 신면申沔의 아들이며, 어머니는 영광 정씨靈光丁氏로 우군사용右軍司勇 정호丁湖의 딸이다. 문충공文忠公 신숙주申叔舟의 손자이다.

김종직金宗直의 제자로 1483년(성종 14) 약관 20세로 사마시에 합격하고, 1488년(성종 19) 문과친시文科親試에 병과丙科로 급제하여 왕이 조복朝服을 하사하고 장안을 돌며 영광을 보이는 은총을 베풀었다. 바로 승정원 권지에 임명되고, 홍문관 정자正字가 되었다가 4단계를 뛰어올라 홍문관 수찬修撰이 되어 4년간 경연經筵에서 임금을 모셨다. 1492년 사가독서賜暇讀書하였다.

1498년(연산군 4) 무오사화戊午士禍 때 김종직의 문인이라 하여 투옥되었다가 곧 풀려나와 직제학直提學·도승지 등에 기용되었으나 강직하고 정직한 성품으로 연산군의 비위를 거슬러 지위가 높아졌다가 낮

아지곤 했으며, 1502년 연산군에 의해 외직인 충청도 수군절제사로 내친 바 있고 1504년(연산군 9) 여름 성절사聖節使로 임명하였는데, 갑자사화甲子士禍에 연루되어 국경에도 이르지 못하고 직첩을 빼앗기고 전라도 영광靈光에 유배되었다.

신용개의 글씨,
「박원종 신도비」에서

중종반정中宗反正이 일어나 중종中宗이 즉위하여 형조참판, 지중추부사로 홍문관 대제학과 예문관 대제학, 지성균관사를 겸했다. 1507년(중종 2) 가을 성희안成希顔을 주문사, 신용개를 부사로 하여 고명사誥命使의 대임을 맡아 사명을 마치고 돌아와 원종공심原從功臣에 봉해졌다. 이후 의정부 우참찬, 사헌부 대사헌, 이조판서, 병조판서, 예조판서, 공조판서, 의정부 우찬성 1516년(중종 11) 우의정 겸 연경연감, 춘추관사에 오르고, 1518년(중종 13) 좌의정에 올랐다. 1519년 10월 3일 사망하여 양주 금촌리金村里 건좌乾坐에 장사지냈다.

기품이 높고 총명하여 문명을 떨쳤으며, 무예에도 뛰어나 문무를 겸하고, 글씨에도 뛰어났는데 초서草書와 해서楷書를 잘 썼다.

저서로는 『이요정집』이 있고, 편서로는 『속동문선』·『속삼강행실도』가 있다. 호평동 진주 아파트에 묘역이 있다가 이장하였다. 시호는 문경文景, 작품으로는 남양주 박원종朴元宗 신도비, 군포 한치의韓致義 부인 묘갈 등이 있다.

참고문헌

『청복서화가명자호보』, 『한국민족문화대백과사전』 13.

[http://남양주타임즈 2010.1.15]

민정중閔鼎重

1628(인조 6)~1692.6.25(숙종 18)

조선 후기 문신으로 자는 대수大受, 호는 노봉老峯, 본관은 여흥驪興이다. 경주부윤을 지내고 영의정에 증직된 민기閔機의 손자이며, 강원도 관찰사를 지내고 영의정에 증직된 민광훈閔光勳의 아들이며, 인현왕후仁顯王后의 부친인 여양부원군驪陽府院君 문정공文貞公 민유중閔維重의 형이다.

송시열의 문인으로, 1648년(인조 26) 진사시에 합격하고, 1649년(효종 즉위) 22세로 정시 문과에 장원하여 성균관 전적으로 벼슬에 나아가, 예조좌랑 · 세자시강원 사서가 되었다. 직언으로 뛰어나 사간원 정언 · 사간에 제수되고, 홍문관 수찬 · 교리 · 응교, 사헌부집의 등을 지냈다. 외직으로는 동래부사를 지냈으며, 전라도 · 충청도 · 경상도 암행어사로 나가기도 하였다.

1659년 현종이 즉위하자 소를 올려 인조 때 역적으로 논죄되어 죽음을 당한 소현세자昭顯世子의 빈嬪 강씨姜氏의 억울함을 호소하자, 왕도 그의 충성을 알아주기 시작하였다. 이어 병조참의에 제수되었으나

鼎重白家門不幸家弟驪陽奄忽卒逝
痛裂悲摧不自堪忍仰承
仁恩俯垂 慰問其為哀感但切下懷仍
審庚炎
尊體萬福鼎重久病不死遽遭 慘慼只
須速死而無知未由
面陳臨紙哽塞謹奉狀不備 謹狀
丁卯七月十五日 朞服人閔鼎重狀上
權 持平 座前

민정중의 글씨, 「명가필보」에서

아버지가 죽어 관직에서 물러났다가 상복을 벗은 뒤에 사간원 대사간으로 나아갔다. 그 뒤 승정원 동부승지 · 성균관 대사성 · 이조참의 · 이조참판 · 함경도 관찰사 · 홍문관 부제학 · 사헌부 대사헌을 거쳐, 1670년(현종 11) 이조판서 · 호조판서 · 공조판서 · 한성부윤 · 의정부 참찬 등을 역임하였다.

삼사三司에 재직할 때는 청의淸議를 힘써 잡았고, 대사성에 있을 때는 성균관의 증수增修와 강과講課에 마음을 다하여 조사造士의 효과

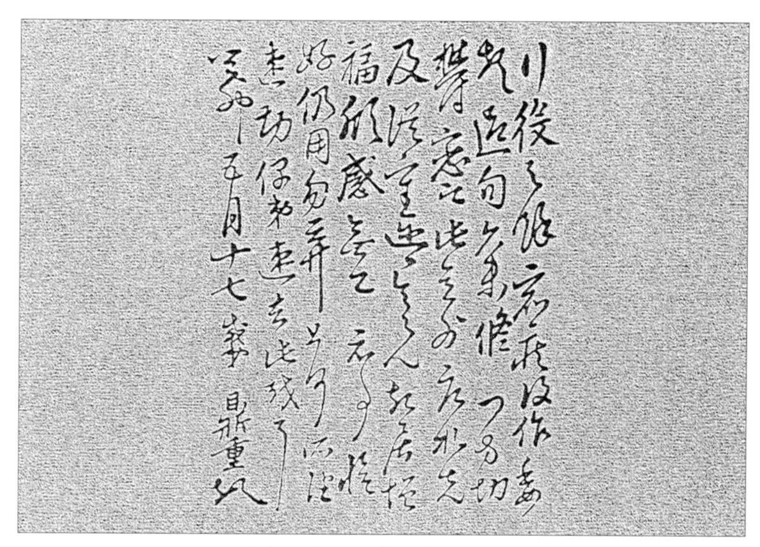

민정중의 글씨, 「명가필보」에서

가 매우 많았다. 또한 함경도 관찰사로 나갔을 때는 그곳의 유풍儒風을 크게 일으켰다. 1675년(숙종 1) 다시 이조판서가 되었으나 허적 · 윤휴 등 남인이 집권하자 서인으로 배척을 받아 관직이 삭탈되고, 1679년 장흥부長興府로 귀양갔다. 이듬해 경신환국庚申換局으로 송시열 등과 함께 귀양에서 풀려 대광보국 숭록대부 의정부 우의정이 되고, 다시 좌의정에 올라 4년을 지냈다. 이때 호포 등 여러 가지 일을 실행하려 하였으나 영의정 김수항金壽恒의 반대에 부딪혔다.

1685년부터는 중추부지사 · 판사로 물러앉아 국왕을 보필하였다. 그러던 중 1689년 인현왕후가 폐서인되고 송시열 · 김수항金壽恒 등이 사사된 기사환국己巳換局으로 다시 남인南人이 집권하게 되자 노론老論의 중진들과 함께 관직을 삭탈당하고 벽동군에 유배되어 위리안치되었다가 그곳에서 죽었다.

1694년의 갑술환국甲戌換局으로 남인南人이 다시 실각하자 관작이 회복되어, 양주에 옮겨 장례를 치르고, 뒤에 여주 대거大居의 술좌戌坐인 언덕으로 옮겨졌다. 효종孝宗의 묘정에 배향되고, 양주 석실서원石室書院, 충북 충주 누암서원樓巖書院, 황해 벽동 구봉서원九峯書院, 함남 정평 망덕서원望德書院, 함남 문천 문포서원汶浦書院, 함북 종성 종산서원鍾山書院, 전남 장흥 연곡서원淵谷書院, 전남 영암 녹동서원鹿洞書院 등에 제향되었다.

저서로는 『노봉집老峯集』, 『노봉연중설화老峯筵中說話』 등이 전하며, 글씨로는 「우상 이완비右相李浣碑」 등이 있다. 시호는 문충文忠이고, 남양주 와부읍 덕소리에 묘소가 있다.

참고문헌

『인조실록』; 『효종실록』; 『현종실록』; 『숙종실록』; 『영조실록』; 『국조인물고』; 『국조인물지』; 『조선인명사서』; 『한국인명대사전』, 신구문화사, 1976; 한국정신문화연구원, 『한국민족문화대백과사전』 5·8, 1991; 여흥민씨세계보 간행위원회, 『여흥민씨세계보』, 1974.

[http://남양주타임즈 2010.1.19]

이단상李端相

1628(인조 6)~1669.9.19(현종 10)

이단상의 묘 ⓒ임병규

이단상은 조선 후기 학자. 문신으로, 자는 유능幼能, 호는 정관靜觀 · 서호西湖, 본관은 연안延安이다. 좌의정 월사月沙 이정구李廷龜의 손자이며, 대제학 이명한李明漢의 아들이다.

1648년(인조 26) 진사시에 장원, 이듬해 정시문과에 병과로 급제하여 세자시강원설서 · 예문관 대교와 봉교 · 홍문관 부수찬과 교리 등의 청요직을 역임하였는데, 많은 이들이 너무 늦게 나온 것을 아쉬워하였다. 이단상은 병자호란 당시 9세로 오랑캐에 잡혔으나, 마침 왕의 어가가 도착할 때 이단상이 사람을 통해 말을 전하자 왕이 가엽게 여기고, 오랑캐의 장수 또한 북쪽으로 데려가지 않았다. 이때 왕이 이미 이단상을 알고 있었다.

여러 차례 지제교知製敎를 겸하고, 1655년(효종 6) 사가독서賜暇讀書를 한 뒤 대간에 들어가 정론正論을 밝혔으며, 전라도에 어사로 나가 민정을 두루 살펴 기근이 심한 고을을 구제하게 하였다. 그 뒤 효종이 서거하자 시사時事가 달라지므로 학문에만 전념하다 잠시 청풍부사를 지냈다. 후에 홍문관 응교를 거쳐 인천부사가 되었다. 1664년(현종 5) 사헌부집의가 되어 '입지立志와 권학勸學에 관한 다섯 가지 조목'을 상소하고 스스로 관직을 떠났다. 홍명하洪命夏 · 송준길宋浚吉 · 조복양趙復陽 등의 명사들이 학문과 덕행을 인정, 경연관經筵官에 추천하기도 하였으나 이를 사양하고 양주 동강東岡으로 은퇴하였다. 그 뒤 승지와 병조참지에 임명되었으나 모두 사양하였다. 1669년(현종 10) 부제학으로 서연관을 겸하였으나 곧 사양하고 물러나 그 해에 42세로 작고하

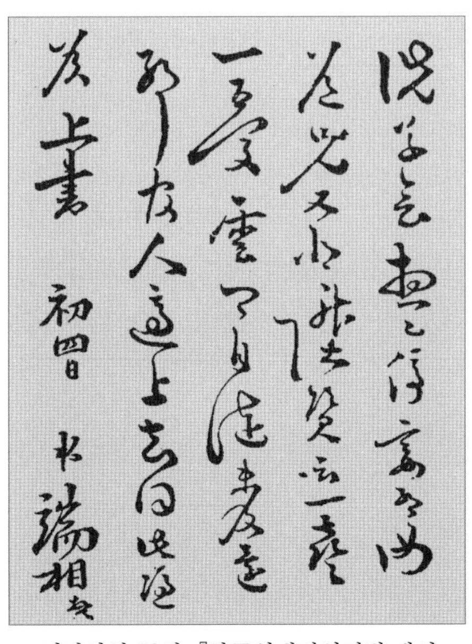

이단상의 글씨, 『한국역대명인필법』에서

였다. 1680년(숙종 6) 민정중閔鼎重의 건의로 이조참판 겸 경연·홍문관과 예문관제학에 추증되었고, 후에 다시 이조판서로 추증되었다. 문하에서 아들인 이희조李喜朝와 김창협金昌協·김창흡金昌翕·임영林泳 등의 대학자가 배출되었다.

외직에 있을 때 병을 얻어 양주 영지동靈芝洞에 은거하길 좋아했고 외직 이후의 관직 사양도 병과 관련된 것으로 학문에만 열중하였다. 42세로 죽었으나, 특히 '청요직과 학술·언론직'에서 젊은 시절을 보냈을 정도로 학문적 수준을 인정받았다. 평생 청빈하게 학문에 전념

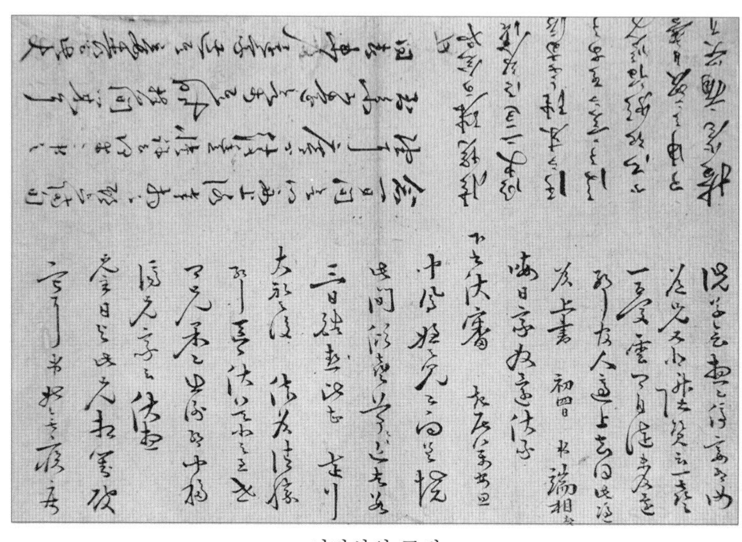

이단상의 글씨

하고 직언을 하여 '청백리'로 불렸다. 양주 석실서원石室書院, 인천의 학산서원鶴山書院에 제향되었다.

저서로는 『대학집람大學集覽』·『사례비요四禮備要』·『성현통기聖賢通紀』·『정관재집』 등이 있다. 시호는 문정文貞이다. 작품으로는 농암 김창협의 『농암집』 "동유기東遊記"에 이단상의 작품으로 금강산 백화암白華庵 의심대사비義諶大師碑를 썼다고 기록되어 있다.

참고문헌

『농암집農巖集』;『석실서원』; 정한용,『한국금석대관(연안이씨편)』, 고려금석원, 2000 ;『인조실록』;『효종실록』;『현종실록』;『국조문과방목』;『조선인명사서』;『한국인명대사전』, 신구문화사, 1976 ; 한국정신문화연구원,『한국민족문화대백과사전』17, 1991 ; 송수환,「이단상의 생애와 사상」(『천마산의 맥』, 남양주문화원, 1998).

[http://남양주타임즈 2010.1.23]

남용익 南龍翼

1628(인조 6)~1692.2.2(숙종 18)

남용익의 묘 ⓒ임병규

남용익은 조선 중기 문신·학자로 자는 운경雲卿, 호는 호곡壺谷, 본관은 의령宜寧이다. 특히 글씨를 잘 썼으며 남양주 수락산 옥류동玉流洞에서 살았다.

1645년(인조 23) 초시삼장에 합격, 1646년(인조 24) 진사가 되고 1648년 21세로 정시문과에 병과로 급제한 뒤, 시강원 설서·시강원 사서, 성균관전적과 사헌부 감찰·지평, 사간원 정언, 병조·예조의 낭관, 홍문관 부수찬·부교리를 역임하였고, 잠시 경상도사로 좌천되었다가 영남嶺南의 어사御史가 되고, 다시 삼사三司로 돌아왔다.

1655년(효종 6) 통신사의 종사관으로 일본에 파견되었는데, 관백關白의 원당願堂에 절하기를 거절하여 음식 공급이 중지되고, 여러 가지 협박을 받았으나 굴하지 않았다. 이듬해 돌아와 호당湖堂에 뽑혀 들어갔고 문신文臣 중시重試에 장원, 당상관인 통정대부에 오르고 형조·예조참의, 승지를 역임하고 외직을 청원하여 양주목사로 나갔다. 현종 때는 대사간·대사성을 거쳐 공조참판을 빼고는 전 참판을 지냈으며, 잠시 외직으로 경상·경기감사로 나갔다가 형조판서에 올랐다. 1680년(숙종 6)부터 의정부 좌참찬·홍문관·예문관·대제학을 역임하고, 1689년 소의 장씨昭儀張氏(장희빈)가 왕자를 낳아 숙종이 그를 원자로 삼으려 하자, 여기에 극언으로 반대하다가 1691년(숙종 17) 영해嶺海에서 2천리 떨어진 명천明川으로 유배되어 3년 뒤 그곳에서 죽었다. 1694년(숙종 20) 인현왕후가 복위되고 관작을 되돌려 받고, 왕이 특별히 "지난날의 일이 후회스럽다"고 하교하였다. 1725년(영조 원년) 문

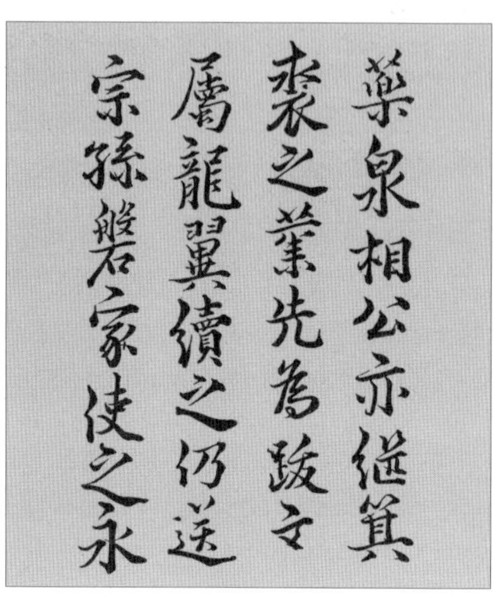

남용익의 글씨, 「호곡집」에서

헌文憲이란 시호가 내려졌다. 문장에 능하고 글씨에도 뛰어났으며, 효종 · 현종 · 숙종 3대에 걸쳐 청화요직을 두루 역임하고 문명을 날렸으나 즐거워하는 기색이 없었고, 늘 근신하고 근면하였다.

저서로는 신라시대부터 조선 인조대까지의 명인 497인의 시를 모아 엮은 『기아箕雅』 및 『부상록扶桑錄』, 그리고 자신의 시문집인 『호곡집』을 남겼다.

묘역은 남양주 별내면 청학리에 소재하고 있으며, 신도비도 남아 있다. 작품으로는 남선南銑 신도비, 남은南誾 묘표, 정삼직鄭三溭 묘표 등이 있다.

참고문헌

『효종실록』;『현종실록』;『숙종실록』;『호곡집』;『국조인물고』7;『국조방목』; 한국정신문화연구원,『한국민족문화대백과사전』5, 1991.

[http://남양주타임즈 2010.1.27]

김좌명 金佐明

1616.11.19(광해군 8)~1671.3.9(현종 12)

김좌명의 묘 ⓒ임병규

조선 후기 문신으로 자는 일정一正, 호는 귀계歸溪·귀천歸川, 본관은 청풍, 영의정을 지낸 잠곡 김육金堉의 아들이다.

1633년(인조 11) 사마시司馬試 거쳐, 1644년 별시문과에 병과로 급제하여 승문원에 사국史局으로 등용된 뒤, 박사博士·설서說書를 거쳐 홍문관에 전임되었다. 1646년 병조좌랑이 되고 다시 문과중시에 병과로 급제, 1648년 수찬이 되었다가 안변安邊으로 귀양갔으나 그 이듬해에 풀려났다. 이조좌랑·대사헌·경기도 관찰사·도승지·이조참판 등을 두루 지냈다. 현종 초에 공조참판에 제수되었으나 극력 사양하고, 이 때 아버지가 생전에 호남지방에 실시하게 한 대동법의 시행에 애로가 있음을 한탄하고 아버지의 유지를 펴기 위하여 호남관찰사로 임명해 줄 것을 간청했으나 뜻을 이루지 못했다.

1662년(현종3) 공조판서·예조판서를 역임, 현종 즉위 초에 좌참찬 송시열의 제안으로 실시되었던 전라도 산군山郡의 대동법大同法이 중단된 것을 재차 주창, 시행하게 하였고, 『전라도대동사목全羅道大同事目』은 아버지의 유언에 따라 전라감사 서필원徐必遠과 함께 주관, 강정講定하여 그 이듬해에 발표하였다. 1668년 병조판서 겸 수어사가 되어 노량의 대열병大閱兵에 흩어진 군율을 바로잡았고, 병기·군량을 충실히 하였다. 한때 호조판서가 되어 크게 국비를 덜어 재정을 윤활하게 하였다.

편지의 내용은 상대방과 소사素沙 주정소晝停所에서 만날 것을 약속하는 글이다.

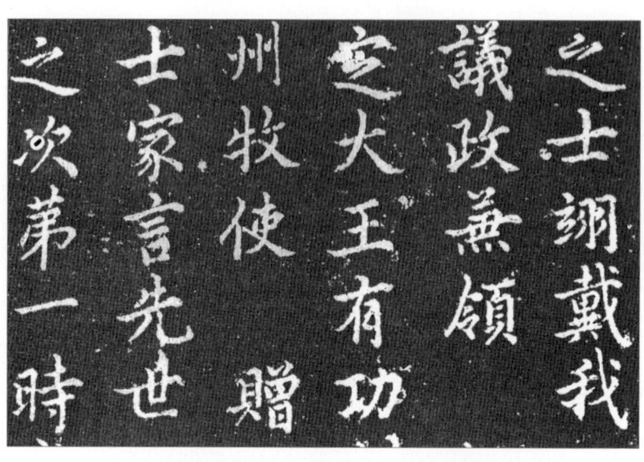
之士翊戴我
議政兼領
定大王有功
州牧使 贈
士家言先世
之次第一時

김좌명의 글씨, 「김육 신도비」에서

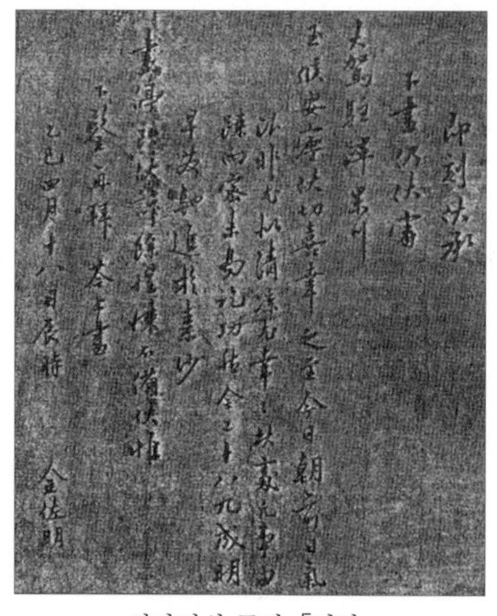
乙巳四月十八日辰時
金佐明

김좌명의 글씨, 「서간」

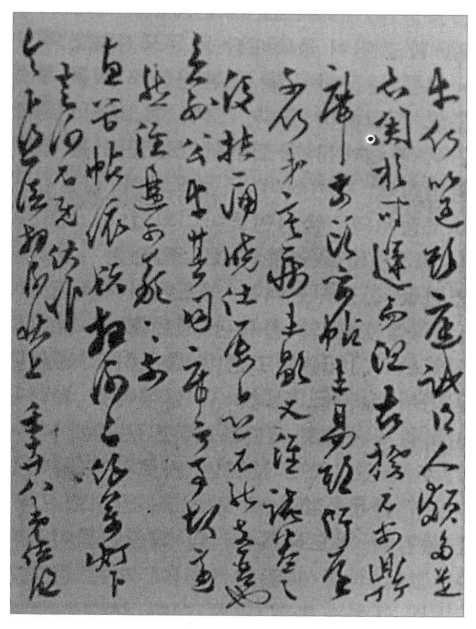

김좌명의 글씨, 「근묵」에서

卽刻伏承 下書仍伏審 大駕駐蹕果川 玉候安寧伏切喜幸之至今日朝前日氣依昨尤似青凉尤幸尤幸此處凡事由 疏而密未易訖功然今之十八九成明 早發馳進於素沙 晝停所伏計餘惶悚不備伏惟 不鑑再拜 答上書 乙巳 四月十八日辰時 金左明

사람됨이 총명하고 인품이 뛰어나고 용모가 단정하였다. 그리고 김좌명은 효성이 독실하였다. 김좌명은 일찍이 병자호란 당시 어머니를 모시고 강도江都(강화)로 피난을 하였는데, 강도가 함락되자 배를 불렀으나 아무런 응답이 없고 마침 어떤 배가 섬에 도착하였다. 이때 김좌명이 몸을 날려 배에 올라타자 배가 쏜살같이 달려 어떤 섬에 도착하였다. 이때 김좌명은 뱃사공에게 뱃머리를 돌려 어머니를 모시고 오자고 애걸하였으나 들어주지 않자 바다에 뛰어들려고 하였다. 이에 뱃사공이 감동하여 다시 해안으로 돌아가 어머니를 싣고 떠났다는 일화가 전한다.

특히, 김좌명이 호조판서가 되자 서리胥吏들의 부정이 줄었고, 병조판서가 되니 무사가 경복敬服하여 군율이 엄정하였으며, 매사에 과단성이 있고 공정하였다. 현종의 비인 명성왕후明聖王后의 백부인데도 조정에서는 믿고 중용하였다. 더구나, 아우 김우명金佑明이 척족으로 권력을 잡았을 때에 서인西人이 낙당洛黨과 한당漢黨으로 나뉘게 되었으며, 아버지 묘의 수도사隧道事가 당쟁의 논란이 되었을 때도 별로 휘말리지 않아 명망을 얻었다. 영의정에 추증되고, 청릉부원군淸陵府院君에 추봉되었다. 현종의 묘정廟庭에 배향되었다.

김좌명의 시호는 충숙忠肅이다. 묘역은 남양주 삼패동에 소재하고 있으며, 신도비가 남아 있다. 그의 저서로 『귀계유고歸溪遺稿』가 있다.

김좌명은 송설체松雪體에 뛰어나면서 서체는 짜임새와 형상을 송설체에 충실하면서 보다 세련화되었다고 평가된다. 조맹부趙孟頫의 글씨에 비하여 연미함이 두드러지는 특징을 보이며, 내재된 힘이 느껴지고 파임의 곡선을 살려 부드러우며 넉넉함이 느껴진다.

작품으로는 전창위 유정량柳廷亮 비, 형판 이수일李守一 비, 사계沙溪 김장생金長生 묘표, 의주목사 김여물金汝岉 비, 관찰사 정효성鄭孝成 묘갈, 남양주의 김식金湜 신도비 · 김육金堉 신도비, 김권金權 · 김홍우金興宇 · 김홍효金興孝 · 김덕수金德秀 묘갈, 김홍록金興祿 묘표, 금강산 유점사춘파당대사비楡岾寺春坡堂大師碑 등이 있다.

참고문헌

『청북서화가명자호보』; 『근역서화징』; 『동국금석평』; 『고금법첩(古今法帖)』; 『인조실록』; 『효종실록』; 『현종실록』; 『조선금석총람』; 『국조인물고』; 『연려실기술』; 『국조방목』; 한국정신문화연구원, 『한국민족문화대백과사전』 4, 1991;양주군지편찬위원회, 『양주군지』 하, 1992.

[http://남양주타임즈 2010.1.31]

정사룡鄭士龍

1491(성종 22)~1570(선조 3)

정사룡의 묘 ⓒ임병규

조선 중기 문신·문인으로 자는 운경雲卿, 호는 호음湖陰 본관은 동래東萊이다. 영의정을 지낸 정광필鄭光弼의 조카이고 부사 정광보鄭光輔의 아들이다.

정사룡의 글씨

1509년(중종 4)에 생원이 되고, 이어 별시 문과에 병과로 장원급제하였다. 1514년 사가독서賜暇讀書하였고, 1516년 황해도 도사都事로 재임 중에 문과 중시에 장원급제하였으며, 사간원 사간司諫을 거쳐 1534년 동지사冬至使로 명明나라에 다녀왔다.

1542년 예조판서로 승진되고, 1544년 공조판서로 다시 동지사가 되어 명나라에 다녀왔다. 1554년(명종 9) 대제학이 되었으나 1558년(명종 13) 과거시험 문제를 응시자 신사헌愼思獻에게 누설한 죄로 파직되었다. 그러나 곧 판중추부사判中樞府事로 복직되고 이어 공조판서가 되었다가 1562년 다시 판중추부사로 전임되었다. 이듬해 사화士禍를 일으켜 사림士林을 제거하려던 효령대군의 5대 손으로 명종明宗의 신임이 두터움을 믿고 전횡을 일삼아 온 이양李樑의 일당으로 몰려 삭직당하였다.

일찍이 명明나라에 사신으로 갔을 때 문명을 떨쳤을 뿐만 아니라 여러 번 중국 사신을 접대하는 동안 중국학자들과 많은 시를 주고 받았다. 명나라에 다녀와서 『조천록朝天錄』을 남겼으며, 특히 7언율시七言律詩에 능해 당시 문단에서 조광조趙光朝와 함께 신진사류로 활약하던 신광한申光漢과 쌍벽을 이루었다.

시풍은 말을 치밀하게 다듬어 웅걸차고 기이한 문구 구사를 장기로 삼았으나 탐학한다는 비난을 받기도 하였다.

저서로는 『호음잡고湖陰雜稿』, 『조천일록朝天日錄』 등이 있고, 글씨는 광주廣州에 있는 「이둔촌집비李遁村集碑」가 있으며, 묘는 남양주 가운동에 있다.

작품으로는 광주 둔촌遁村 이집李集 묘비 등이 있다.

참고문헌

『청북서화가명자호보』; 『근역서회징』; 『동국문헌필원편』; 『해동금석총목』; 『대동서법大東書法』; 『중종실록』; 『명종실록』; 『연려실기술』; 『충재집』; 『호음잡고』; 『시화총림』; 『한국인명대사전』, 신구문화사, 1976 ; 한국정신문화연구원, 『한국민족문화대백과사전』 19, 1991 ; 양주군지편찬위원회, 『양주군지』 하, 1992.

[http://남양주타임즈 2010.2.4]

김용행金龍行

1753(영조 29)~1778(정조 2)

김용행의 그림, 「위암박주도」(고려대박물관 소장)

조선 후기 학자로 자는 순필舜弼, 호는 석파石坡, 본관은 안동이다. 김창업의 서출인 김윤겸金允謙의 둘째 아들이다.

어려서부터 그림 재주가 있어 아버지가 직접 그림을 가르쳤고, 성장 이후에는 이덕무李德懋, 유득공柳得恭, 박제가朴齊家 등과 시문서화詩文書畵를 즐기며 교유하였다. 그러나 어릴적 지병이 악화되어 26세로 요절하였다. 성격이 괴팍하고 집안 살림을 도외시하였으며 산천을 유람하고 다녔고, 퉁소를 잘 불어 듣는 이들은 그 소리가 하도 비장하여 모두 눈물을 흘렸다고 한다. 『해동호보』에 이르기를 "서화書畵에 재주가 있었으나 일찍 죽어서 이름이 나지 못했다."하였다. 세그루의 소나무를 주제로 계곡과 산을 그린 바 심사정沈師正과 이인상李麟祥의 화풍이 보이는 남종문인화이다.

유작으로 「노송궁천도露松窮泉圖」(간송미술관 소장)가 있으며, 표암豹菴 강세황姜世晃과 십우헌十友軒 서직수徐直修의 화평이 있다. 「위암박주도危岩泊舟圖」는 고려대학교 박물관에 소장되어 있다. 묘역은 남양주 고사산高沙山에 있다고 한다.

참고문헌

남공철, 『금릉집金陵集』; 박제가, 『정유집貞蕤集』; 『간송문화』; 『민족문화대박과사전』; 『근역서화징』; 『청북서화가명자호보』; 진재 김윤겸의 진경산수, 『고고미술』 152.

[http://남양주타임즈 2010.2.9]

유한지 兪漢芝

1760(영조36)~?

유한지의 글씨가 있는 유한지 만한교비(안양시 석수동)

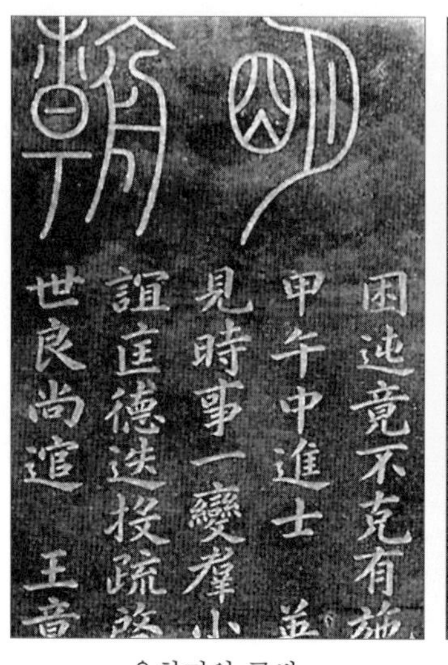

유한지의 글씨,
「정기안 묘갈」 전액

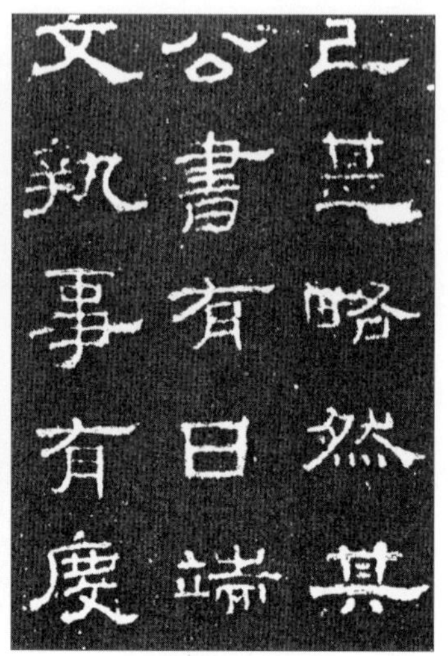

유한지의 글씨,
「김길통 묘갈」에서

조선 후기 학자로 자는 덕휘德輝, 호는 기원綺園, 본관은 기계杞溪이다. 저암著庵 유한준兪漢雋의 종제從弟로 벼슬은 영춘永春 현감을 지냈다.

전서篆書와 예서隷書에 능하며 당세에 이름이 높았다. 김정희金正喜는 "조윤형曺允亨과 유한지 등 여러분이 예서법에 조예가 깊었으나 다만 문자기文字氣가 조금 적다."라고 평하였다. 또한 『경수당집』에 "청풍군수 윤학산尹齊弘의 산수화와 영춘군수 유기원의 전서와 예서는 바로 한 때에 뛰어난 솜씨였다."라고 평했다. 전자篆字를 팔분八分같이

썼고, 대예大隷를 잘 썼다.

작품으로는 광주의 유홍兪泓 신도비의 서와 전액, 소풍낙정小豊樂亭 현판의 예서, 영천 은해사銀海寺 영파대사비影坡大師碑, 산청 문익점文益漸 신도비 전액, 안양 만안교萬安橋 비, 포천 정기안鄭基安 묘갈 전액, 이천 김길통金吉通 묘갈, 남양주 진건읍 사릉리 박징원朴徵遠 묘갈, 용인 이주국李柱國 신도비 전 등이 있다.

참고문헌

『청북서화가명자호보』;『완당집阮堂集』;『근역서화징』;『소재집簫齋集』;『해동호보海東號譜』; 한신대,『英·正祖代東國眞體展』, 1998;『금릉집金陵集』;『경수당집警修堂集』; 임병규, 『봉인사』, 2006.

[http://남양주타임즈 2010.2.14]

이광李珖

1589(선조 22)~1645.10(인조 23)

이광의 묘 ⓒ윤종일

조선 중기 왕족으로 자는 장중莊中, 호는 기천杞泉, 본관은 전주全州이다. 선조宣祖의 여덟째 아들로 선조와 김한우金漢祐의 딸인 인빈 김씨仁嬪 金氏 사이에 태어났으며, 의창군義昌君에 봉해졌다.

의창군의 비명에 이르기를 "어려서부터 대竹 그리기를 좋아하여 도위都尉 윤신지尹新之, 신익성申翊聖과 함께 문자文字를 서로 연구하고 갈고 닦아서 지기知己로 허락했다. 특히 팔법八法에 정통했으니, 필력이 웅건雄健하고 큰 글자일수록 더욱 신기하게 여겼다. 그리하여 당시의 편액扁額과 금석金石에 새긴 것이 모두 공의 글씨를 얻는 것을 보배로 여겼다. 선조의 글씨가 여기저기 흩어져서 수집되지 못한 것이 많았는데, 공이 성심껏 모아서 손수 모사模寫하고, 판각板刻하여

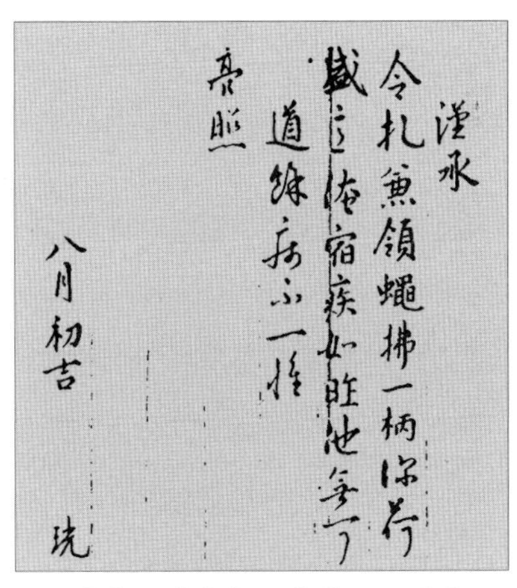

謹承
令札兼領蠅拂一柄[illegible]
盛[illegible]宿疾如[illegible]
道[illegible]一[illegible]
[illegible]照
八月初吉 珖

의창군 이광의 글씨, 「근묵」에서

의창군 이광의 글씨, 「인빈 김씨 신도비」에서

널리 전하게 했으니, 여기서 또한 그 효성스런 생각을 볼 수 있다."(문곡유고)고 기록하고 있다. 1642년(인조 20) 대마도주對馬島主 평조흥平調興이 그의 아버지 평경직平景直을 위해 일광산日光山에 원당願堂을 짓고, 평성행平成行을 보내서 임금仁祖의 글씨와 시문을 얻어 편액하여 자랑스럽게 만세에 전하기를 간원하였다. 임금의 글씨를 외국에 보낼 수 없으므로 인하여 임금의 명으로 의창군으로 하여금 "일광정계창효도장日光淨界彰孝道場" 여덟 글자를 쓰게하고 이명한李明漢은 서문을, 이식李植으로 하여금 명銘을 짓고 오준吳竣이 글씨를 쓰게 하였다. 시는 김유金瑬, 최명길崔鳴吉, 홍서봉洪瑞鳳, 신익성申翊聖, 이성구

李聖求, 김신국金藎國 등으로 하여금 짓게하고 신익성申翊聖에게 명하여 일본의 종명鐘銘을 지어주게 하였다. 제월당霽月堂 비의 진체晋體(왕희지체)는 속俗이 된다."라고『동국금석평』은 기록하고 있다. 57세로 사망하여 양주 풍양리에 장사지냈으니 바로 인빈 김씨 무덤(순강원) 경내이다.

작품으로는 전주 송광사 개창비, 철원 심원사深源寺 석경헌釋敬軒 사리탑비, 이판 허성許筬 묘표, 남양주 인빈 김씨仁嬪金氏 신도비(1636) 등이 있다.

참고문헌

『청북서화가명자호보』;『근역서화징』;『동국문헌필원편』;『해동호보』;『연려실기술별집』;『문곡유고文谷遺稿』;『동명집東溟集』;『공사견문록公私見聞錄』;『문헌비고교빙고文獻備考交聘考』;『해동금석총목海東金石總目』;『동국금석평東國金石評』.

[http://남양주타임즈 2010.2.18]

김윤겸 金允謙

1711(숙종 37)~1775(영조 51)

김윤겸의 그림, 「장안사」(국립중앙박물관 소장)

조선 후기 학자로 자는 극양克讓, 호는 진재眞宰 · 산초山樵 · 묵초默樵, 본관은 안동이다. 김수항金壽恒의 넷째 아들 김창업金昌業의 서자庶子로 태어나 관직은 소촌 찰방召村察訪을 지냈다. 서자의 신분으로 찰방을 지낼 수 있던 것은 조선 후기 서얼허통庶孼許通과 세력있는 명문 집안인 안동 김씨 출신이기 때문이다. 화풍은 겸재 정선의 진경화풍에 가까웠다. 중국을 비롯하여 금강산, 한양근교, 단양, 영남지방 등을 두루 여행하며 진경산수를 그렸다. 겸재의 영역을 벗어나려는 흔적이 보인다. 대담하게 생략된 화면구성과 수묵담채의 채색은 근대 서구화한 수채화를 연상케 하였고, 암준岩峻은 붓질을 반복하여 입체감이 잘 표현되었다. 그러나 겸재謙齋 정선鄭敾이나 표암豹菴 강세황姜世晃에는 이르지 못하였다.

작품으로는 간송미술관 소장의 「동산계정도」, 국립중앙박물관 소장의 「금강산화첩」·「진경산수화첩」·「총수산도」, 동아대학교 소장의 「영남명승기행사경첩」 등이 있다.

참고문헌

『근역서화징』; 『청북서화가명자호보』; 고유섭, 『조선화론집성』; 진재 김윤겸의 진경산수, 『고고미술』 152.

[http://남양주타임즈 2010.2.23]

이민보李敏輔

1720(숙종 46)~1799(정조 23)

이민보의 글씨, 「이숭신 묘표」에서

조선 후기의 문신으로 자는 백눌伯訥, 호는 풍서豐墅·상와常窩, 본관은 연안延安이다. 부제학을 지낸 이단상의 증손으로 이조참판 이희조李喜朝의 손자이다. 대사간 이양신李亮臣의 아들로 당숙인 군수 이숭신李崇臣에게 입후되었다. 이조판서 이시원李始源과 이조원李肇源의 아버지이다.

진사시에 합격한 후 문음으로 세자익위사의 동궁요속東宮僚屬에 임명되었고, 장악원정을 거쳐, 1788년(정조 12) 왕의 특명으로 동부승지에 임명되었다. 1790년 호조참판에 제수되었고, 1791년 공조판서로 승진하여 장악원제조를 겸임하였다. 이때 『용비어천가龍飛御天歌』·『악학궤범樂學軌範』 등의 종묘 악장樂章을 분류·정리하여 간행하였다. 1791년 조흘강시관照訖講試官으로 임명된 윤영희尹永僖가 부정에 개입되었다는 혐의로 의금부에 하옥되었을 때, 의금부당상으로서 치죄를 잘못한 과실로 파주목사로 좌천되었다가 이듬해 형조판서로 기용되었다. 오위도총관을 거쳐 1795년 정1품인 보국숭록대부輔國崇祿大夫에 올랐다. 음관蔭官으로서 보국숭록대부에 오른 것은 조선 초의 황희黃喜의 아들인 황수신黃守身 이후로는 처음이었다. 그 뒤 명예직으로 판돈녕부사·판중추부사에 있었다.

저서로는 『풍서집』 18권과 노론老論의 시각에서 당쟁을 논한 『충역변忠逆辨』이 있다. 시호는 효정孝貞이고, 묘지는 진접읍 내곡리 영서에 있다. 작품으로는 남양주 이숭신李崇臣 묘표, 시흥의 김수金睟 묘갈이 있다.

참고문헌

『정조실록』;『조선인명사서』;『한국인명대사전』, 신구문화사, 1976 ; 한국정신문화연구원, 『한국민족문화대백과사전』 17, 1991.

[http://남양주타임즈 2010.2.28]

정약용丁若鏞

1762(영조 38)~1836(헌종 2)

정약용의 묘 ⓒ심혜정

조선 후기 문신·실학자로, 초자初字는 귀농歸農, 자는 미용美鏞, 호는 삼미三眉·열수洌水·사암俟菴·자하도인紫霞道人·철마산인鐵馬山人·철마산초鐵馬山樵·열노洌老·다산茶山, 당호는 여유당與猶堂, 본관은 나주羅州이다. 아버지는 진주목사를 지낸 정재원丁載遠이며, 어머니는 해남 윤씨로서 윤두서尹斗緖의 손녀이다. 광주군 마현리(지금의 남양주시 조안면 능내리)에서 태어났다. 4남 2녀 중 4남으로, 형제의 이름은 약현若鉉·약전若銓·약종若鍾이다. 15세에 풍산 홍씨豊山洪氏를 취하여 6남 3녀를 두었으나, 4남 2녀는 요절하고 학연學淵과 학유學遊와 사위 윤창모尹昌謨가 있을 뿐이다. 벼슬은 형조참의에 이르렀고, 공재恭齋 윤두서尹斗緖의 외증손이며 서화書畵를 잘하였다.

다산茶山의 화론畵論은 실사에 입각하여 사생하고 사실적 작품을 중시하였으며, 사의를 내세우는 관념적 사고를 비판하였으며, 중국의 화풍畵風을 추종하는 모화사상慕華思想에 젖어있는 현실을 통열히 비판하였다. 철저한 사실론과 사생론을 주장한 다산의 작품을 보면 「매조도」,「하경산수도」 등의 그림에서는 전혀 실사적 경향을 발견할 수 없는 의구심이 가지 않을 수 없는 격조가 떨어짐을 느낄 수 있다.

정약용의 친필시의 내용을 보면 다음과 같다.

겹겹이 쌓인 봉우리 가을 빛 속인데
두 서너집 울타리 석양 가일러라

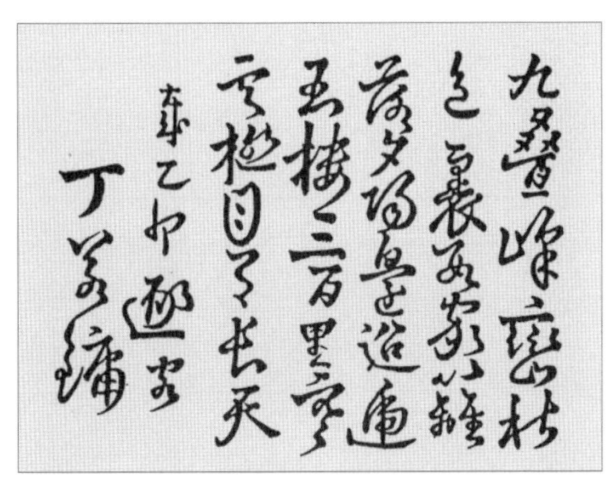

정약용의 친필시

높은 루樓가 머나먼 삼백리인데

찬 구름이 아득히 넓은 하늘에 끼었구나.

1813년 7월 14일 정약용이 부인이 보내준 치마를 네 첩으로 만들어 두 아들과 딸에게 글을 써서 보내고 부인에게 보낸 詩

翩翩飛鳥　펄펄 나는 이 새여

息我庭梅　우리 뜨락 매화에 앉았구나

有烈其芳　독특한 향기가 물신나자

惠然其來　반갑게도 잘 찾아왔구나

無止無棲　여기에 앉고 여기에 둥지 틀어

樂爾家室　너의 집으로 삼으려무나

華之既榮　꽃이 저렇게 잘 되었으니

有賁其實　반드시 좋은 열매 맺겠네

정약용의 그림,「매조도」
(견본담채(45×19),
고려대 박물관 소장)

「정약용 서간」 42.4×29.8㎝ ; 편지의 내용은 정약용이 기우제를 지내러 가서역의 사람에게 만날 것을 요청한 글이다.

「하경산수도」,(지본담채 26×32.7㎝, 동아대박물관 소장)

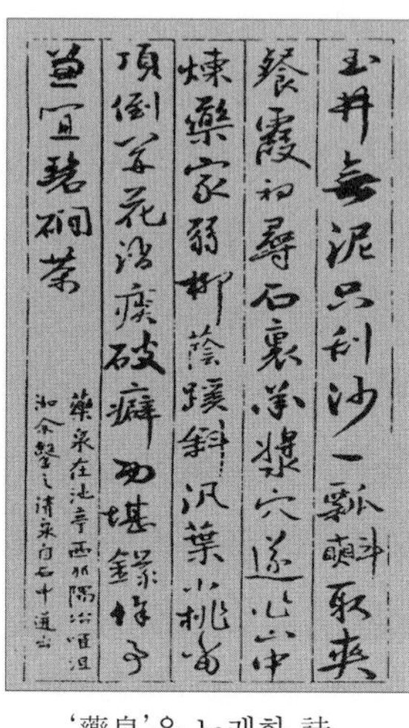

玉井無泥只刮沙一瓢斟取爽餐霞初尋石裏承漿穴遂作山中煉藥家弱柳蔭蹊斜汎葉小桃當頂倒含花消痰破癖功堪錄餘事宜煎碧澗茶

'藥泉'을 노래한 詩

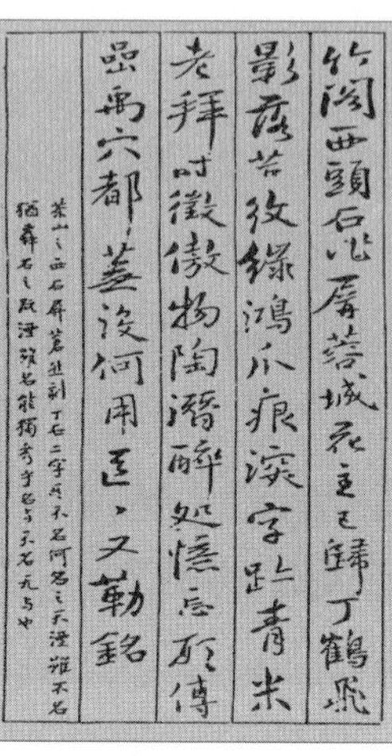

竹閣西頭石作屏菩城花主已歸丁鶴飛影落苔紋綠鴻爪痕深字點青米老拜時徵傲物陶潛醉處憶忘形傅巖禹穴都蕪沒何用區區又勒銘

'丁石'을 노래한 詩

青石磨平赤字鐫烹茶小竈艸堂前魚喉半翕深包火獸耳雙穿細出煙松子拾來新替炭梅花拂去晩調泉侵精瘠氣終須戒且作丹爐學做仙

'茶竈'를 노래한 詩

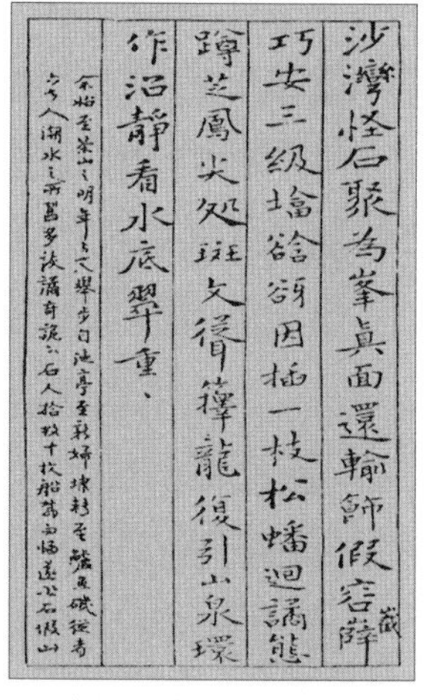

沙灣怪石聚爲峯眞面還輸飾假容巧安三級嵌谽谺因插一枝松蟠迴詭態蹲芝鳳尖處斑文簇籜龍復引山泉環作沼靜看水底翠重重

'石假山'을 노래한 詩

다산초당에 있는 정약용의 글씨 '丁石'

참고문헌

『청북서화사명자호보』;『근역서화징』;『다산화정茶山華幀』; 임병규,「다산의 회화사상」『향토사학』 1, 1997 ; 유홍준,『조선시대 화론연구』, 학고재, 1998 ;『정조실록』,『순조실록』; 고승제,『다산을 찾아서』, 중앙M&B, 1995;한국정신문화연구원,『한국민족문화대백과사전』19, 1991.

[http://남양주타임즈 2010.3.7]

이세백李世白

1635(인조 13)~1703(숙종 29)

이세백의 묘 ⓒ심혜정

조선 후기 문신으로 자는 중경仲庚, 호는 우사雩沙·북계北溪, 본관은 용인龍仁이다. 목사 이정악李挺岳의 아들이며, 어머니는 안동 김씨安東金氏로 김광찬金光燦의 딸이다. 청음淸陰 김상헌金尙憲이 외증조가 된다.

1657년(효종 8) 진사시에 합격하여 성균관에 들어갔으며, 그곳에서 동춘당同春堂 송준길宋浚吉의 가르침을 받았다. 1666년(현종 7) 의금부도사를 거쳐서 홍천현감으로 재직 중 1675년(숙종 1) 증광문과에 을과로 급제하였다. 1681년 사헌부지평·사간원정언·홍문관교리·이조좌랑·사헌부집의 등의 청요직을 거쳐 승정원 동부승지에 올랐다. 이 동안에 활발한 언론활동을 하였고, 경연관으로 참가하여 숙종의 학문을 지도하였다. 또 충청도 암행어사로 파견되어 백성의 어려움과 관리의 폐단을 보고하고 바로잡을 것을 촉구하기도 하였다.

1684년 황해도 관찰사를 거쳐, 이듬해 평안도 관찰사가 되었는데 선정을 베풀어 이원익李元翼의 사당에 함께 제향되었다. 그 뒤 수어사守禦使와 도승지·공조참판·사간원대사간 등을 역임하였다. 1689년 기사환국 때 도승지로 있으면서 송시열宋時烈의 유배에 반대하다가 파직당하였다. 1694년 갑술환국甲戌換局으로 서인西人이 재집권하자, 도승지로 복관되어 선혜청당상·한성부판윤을 거쳐 이듬해 예조판서가 되고, 동지정사冬至正使로 청나라에 다녀왔다.

1696년 호조판서를 거쳐 1697년 이조판서가 되었는데, 특히 지방관의 인사를 엄격히 하여 관료들의 기강을 세우고자 노력하였다. 1698

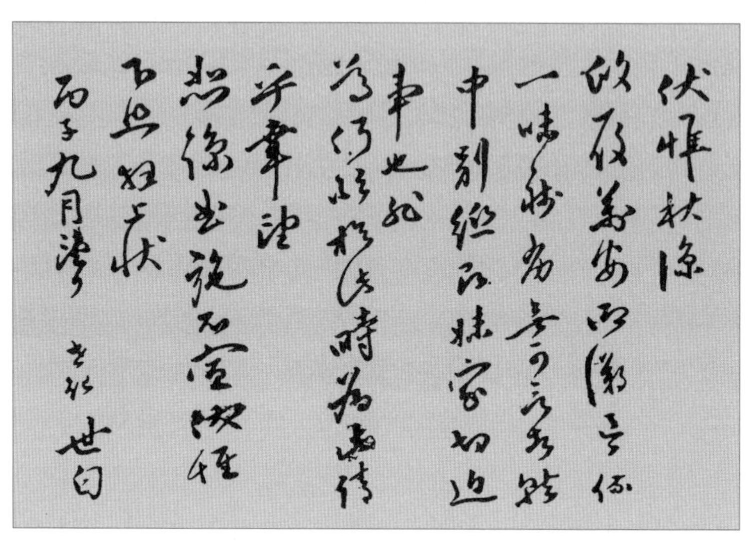

이세백의 글씨, 「근묵」에서

년 우의정에 승진하였고, 1700년에는 좌의정이 되어 세자부世子傅를 겸하였으며 인현왕후仁顯王后의 국상國喪을 총괄하였다.

아들 이의현李宜顯과 연달아 정승이 된 것으로 유명하다. 예학禮學에 밝아 국가의 중요 예론에 깊이 참여하였으며, 특히 노론의 중심 인물로서 소론·남인과의 정치적 대립에서 중요한 역할을 하였다. 작품으로는 남양주 이후천李後天배 여흥 이씨 묘갈이 있다. 문집으로『우사집』이 전한다. 시호는 충정忠正이며 묘는 남양주 와부읍 도곡리 어룡에 신도비와 함께 있다.

참고문헌

『연려실기술』; 『청선고淸選考』; 『도곡집陶谷集』; 『숙종실록』; 『국조문과방목』; 『조선인명사서』; 『한국인명대사전』, 신구문화사, 1976 ; 한국정신문화연구원, 『한국민족문화대백과사전』 18, 1991.

[http://남양주타임즈 2010.3.13]

김효원金孝元

1542(중종 37)~1590(선조 23)

김효원의 묘 ⓒ임병규

조선 중기 문신으로 자는 인백仁伯, 호는 성암省庵, 본관은 선산善山이다. 현감을 지낸 김홍우金弘遇의 아들이다.

남명南冥 조식曺植 · 퇴계退溪 이황李滉의 문인으로, 1564년(명종 19)에 진사가 되고, 이듬해 알성 문과에 장원으로 급제하여 병조좌랑 · 사간원정언 · 사헌부지평 등을 지냈다. 1573년(선조 6)에 사가독서하고, 이듬해 다시 지평이 되었다. 김효원은 명종明宗 말기에 문정왕후

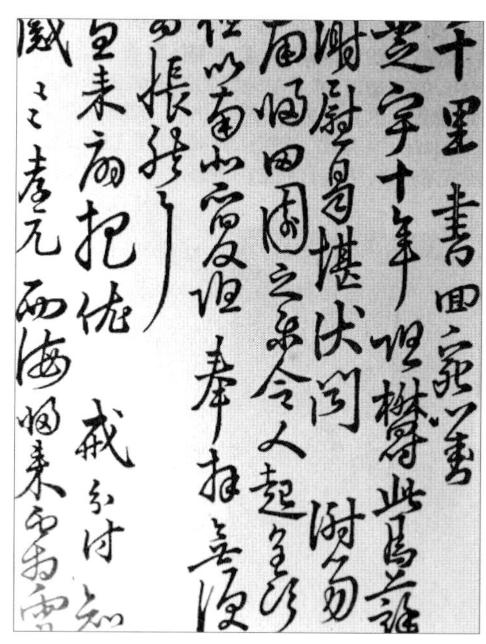

김효원의 글씨, 「명가필보」에서

文定王后가 죽은 뒤 척신계戚臣系의 몰락과 함께 새로 등장하기 시작한 사림파의 대표적인 인물로서, 1572년(선조 5)에 오건吳健이 그를 이조전랑吏曹銓郎으로 추천하였는데, 이조전랑은 비록 그 지위는 낮더라도 관리의 임면任免을 장악하고 있는 중요한 자리로서 반드시 전임자가 그 후임자를 추천하게 되어 있었고 이조판서일지라도 함부로 참견할 수 없었다. 그런데 당시 이조참의로 있던 심의겸沈義謙이 명종 때 공무로 윤원형尹元衡의 집에 갔다가 그 집에 김효원의 침구가 있는 것을 보고 사림士林으로서 문명文名이 있는 자가 권문權門에 아첨한다고 멸시하고 있다가 이때에 이르러 김효원이 이조전랑으로 추천되자 권신의 문객門客이었다고 반대하여 거부하였다. 그 뒤 김효원은 1574년에 조정기趙廷機의 추천으로 결국 이조전랑이 되었다. 그러자 1575년에 심의겸의 동생인 심충겸이 이조전랑으로 추천되자, 김효원은 심충겸이 명종비인 인순왕후의 아우임을 들어 전랑의 관직은 척신의 사유물이 될 수 없다는 이유로 이를 반대하고 이발李潑을 추천함으로써, 이를 계기로 하여 김효원과 심의겸이 더욱 반목하게 되었다.

이로 인하여 사림파는 김효원을 지지하는 신진 사림파와 심의겸을 지지하는 기성 사림파가 각기 동인東人과 서인西人으로 나누어지게 되었는데, 당시 김효원의 집이 서울 동쪽 낙산駱山 밑 동대문 근방(지금의 충신동)에, 심의겸의 집이 서울 정릉貞陵(지금의 정동)에 있었으므로 이로 인하여 김효원을 중심으로 한 세력을 동인東人, 심의겸 일파를 서인西人이라고 부르게 되었던 것이다. 김효원을 지지했던 동인의 사림으로는 김우옹金宇顒, 유성룡柳成龍, 허엽許曄, 이산해李山海, 이발李潑, 정지연鄭芝衍, 우성전禹性傳, 정유길鄭惟吉이 있다. 동인은 소윤少尹의 몰락 이후 심의겸과 무관하게 정계에 진출한 부류로서 주로 신진학자들로 구성되었으며, 퇴계 이황의 영남학파嶺南學派와도 관계가 있었다. 서인은 주로 척신정권 때 정계에 진출하여 심의겸의 도움을 받은 부류로서, 동인은 서인에 대해 비판적 입장이었다. 그런데 이조전랑 추천을 놓고 이들의 대립이 더욱 심하여지자, 우의정 노수신盧守愼과 부제학 이이李珥가 사림의 분규를 우려하여 이를 완화시키고자 김효원金孝元과 심의겸沈義謙을 모두 외직으로 내보내도록 상소하기도 하여, 그 뒤 심의겸은 개성부유수開城副留守, 김효원은 경흥慶興·부령富寧·삼척부사三陟府使 등을 지냈다.

김효원은 이후 사간의 물망에 오르기도 하였으나, 선조가 허락하지 않아 중앙의 관직에 등용되지 못하고 계속 지방에 머물렀다. 붕당간의 쟁의가 심화되면서 안악군수安岳郡守로 자청해나갔고, 당쟁에 책임을 느끼고 시사時事에 대해서는 언급하는 일이 없었다. 뒤에 영흥부사永興府使로 승진하여 재직 중에 죽었다.

풍채가 의젓하여 보고 있노라면 공경심을 불러일으킬 정도였다고 하며 일찍이 사림간의 다툼에 대하여 탄식하기를, "나라를 위한다고 한 말이 어찌 이러한 분란을 초래하여 국맥國脈을 손상하게 할 줄 알았으리오. 그 책임을 면할 수 없을 것이다." 하였다 한다.

그러나 김효원은 청렴결백한 선비로서 신진 인사들로부터 존경을 받았으며, 심의겸 또한 한 시기 앞서 척신 이량李樑의 발호를 막고 사림파를 보호한 인물로서, 그들을 중심으로 한 대립은 개인적인 관계가 아니라 사림파가 훈구정치를 어떤 속도와 방법으로 극복할 것인가에 대한 후배와 선배 세대의 입장 차이로 인한 것이었다.

김효원은 이조판서에 추증되었고, 삼척의 경행서원景行書院에 제향되었다. 저서로는 『성암집省庵集』이 있으며, 묘역은 남양주 별내면 화접리에 있었으나 남양주시의 무관심과 도로공사로 인해 묘와 신도비가 행방불명이다.

참고문헌

『선조실록』; 『국조인물지』; 『동유사우록東儒師友錄』; 『당의통략黨議通略』; 강주진, 『이조당쟁사연구』, 1971 ; 한국정신문화연구원, 『한국민족문화대백과사전』 5, 1991.

[http://남양주타임즈 2010.3.19]

박인로朴仁老

1561(명종 16)~1642(인조 20)

박인로의 글씨

조선 중기 문인 · 문신으로 자는 덕옹德翁, 호는 노계蘆溪 · 무가옹無何翁, 본관은 밀양, 승의부위承議副尉를 지낸 박석朴碩의 아들이다. 지금의 경북 영천군 북안면에서 태어났다.

시조는 신라의 박혁거세라고 하나 너무 세대가 멀어 제43세손이 되는 진록晋祿으로 중시조中始祖를 삼았다. 그의 82세 생애는 크게 두 시기로 나눌 수 있다. 전반기의 생애는 임진왜란에 종군하여 무인으로서의 면모가 두드러졌다면, 후반기는 독서와 수행으로 초연하였던 선비요, 문인 가객歌客으로서의 활약이 두드러졌다. 그는 어려서부터 시재詩才가 탁월하여 이미 13세에 「대승음戴勝吟」이라는 한시漢詩 칠언절구七言絶句를 지어 보는 이들을 놀라게 하였다고 한다. 31세 때에 임진왜란이 일어나고, 동래 · 울산 · 경주지방을 비롯하여 그의 고향 영천도 잇따라 함락되므로 분연히 붓을 던지고 의병을 조직하여 전장에 뛰어들었다. 1592년(선조 25) 임진왜란 때 의병장 정세아鄭世雅의 막하에서 별시위別侍衛가 되어 무공을 세우고 수군절도사水軍節度使 성윤문成允文의 막하에서 수군水軍으로 종군하여 여러 번 공을 세웠다. 1598년 왜군倭軍이 퇴각하자 사졸士卒들의 노고를 위로하는 가사歌辭 「태평사太平詞」를 지었다. 1599년 무과에 등과하여 수문장守門將 · 선전관을 제수받고, 거제도의 부속 도서인 조라포에 만호萬戶로 부임하여 군사력을 널리 배양하고 선정을 베풀어 선정비가 세워지기도 하였다. 그는 무인의 몸으로서도 낭중囊中에는 붓과 먹이 있었고, 사선을 넘나들면서도 시정詩情을 잃지 않았다.

그의 생애 후반기는 독서수행의 선비이며 가객으로서의 삶을 보내게 되었다. 즉 문인으로서 본격적으로 활동한 것은 40세 이후로 성현의 경전 주석연구에 몰두하였고, 밤중에도 분향축천焚香祝天하여 성현의 기상을 항상 묵상하여, 꿈속에서 성誠·경敬·충忠·효孝의 네 글자를 얻어 평생의 좌우명으로 삼아 자성을 게을리하지 않았다.

만년에는 여러 도학자들과 교유하였으니, 특히 한음 이덕형李德馨과 의기가 서로 통하여 수시로 교류하였다. 1601년(선조 34) 이덕형이 도체찰사가 되어 영천에 이르렀을 때, 초대면에 의해 시조「조홍시가早紅柿歌」등을 지었으며, 1605년에 「선상탄船上嘆」을 지었다. 1611년(광해군 3) 이덕형이 용진강龍津江 사제莎堤(현 남양주시 조안면 송촌리)에 은거하였을 때 그의 빈객이 되어 「사제곡莎堤曲」·「누항사陋巷詞」를 지었다. 1612년 도산서원陶山書院에 침례하여 이황李滉의 유풍을 흠모하였고, 그 밖에도 조지산曺芝山·장여헌張旅軒·정한강鄭寒岡·전림하鄭林下·정연길鄭延吉·최기남崔起南 등과 교유하였다.

1630년(인조 8)에는 노인직으로 용양위부호군龍驤衛副護軍이라는 은전恩典을 받았으며, 1635년 가사 「영남가」를 지었고, 이듬해 「노계가蘆溪歌」를 지었다. 그 밖에 가사 「입암별곡立巖別曲」과 「소유정가小有亭歌」가 전하는데, 가사가 모두 9편이고 시조는 68수에 이른다. 말년에는 천석泉石을 벗하여 안빈낙도하며 생을 마쳤다. 그가 죽은 뒤에 향리의 선비들이 그를 흠모하여 1707년(숙종 33) 생장지인 도천리에 도계서원道溪書院을 세워 춘추 제향하고 있다. 그는 비록 후반생부터 문인

활동을 했지만, 그의 작품세계는 매우 풍요롭고 도학道學과 애국심·자연애自然愛를 바탕으로 천재적 창작력을 발휘, 시정詩情과 우국憂國에 넘치는 작품을 썼으며 장가長歌로는 정철鄭澈을 계승하여 독특한 시풍詩風을 이룩하고 가사문학歌辭文學의 발전에 크게 이바지하였다.

참고문헌

『영양사난창의록永陽四難倡義錄』;『지산문집芝山文集』;『한음년보漢蔭年譜』;『삼휴일고三休逸稿』; 한국정신문화연구원,『한국민족문화대백과사전』 9, 1991.

[http://남양주타임즈 2010.3.26]

이의현李宜顯

1669(현종 10)~1745(영조 21)

이의현의 묘 ⓒ윤종일

조선 후기 문신으로 자는 덕재德哉, 호는 도곡陶谷, 본관은 용인龍仁이다. 좌의정을 지낸 이세백李世白의 아들이다. 어머니는 정창징鄭昌徵의 딸이다.

농암 김창협金昌協의 문인으로, 대제학 송상기宋相琦에 의하여 당대 명문장가로 천거되었다. 1694년(숙종 20) 별시 문과에 급제하여 예문관 검열 · 세자시강원설서 · 사간원정언 · 금성현령金城縣令 · 홍문관부교리를 거쳐 1707년 이조정랑이 되었다. 이어 승정원동부승지 · 이조참의 · 대사간을 역임하였다. 1712년(숙종 38) 다시 이조참의가 되었으나 판서 윤덕준尹德駿과의 불화로 홍문관 부제학으로 옮겼다. 그 뒤 성균관 대사성을 지냈으며, 황해도관찰사로 2년여 재임한 뒤 도승지 · 경기도관찰사 · 예조참판을 역임하였다. 1720년 경종이 즉위하자, 동지정사冬至正使로 차정되어 청淸나라에 다녀온 뒤 형조판서에 올랐다. 청나라에서 돌아올 때 서양화西洋畵 16점을 가지고 왔다. 그는 박식하고 기억력이 비상하여 『숙종실록』의 편찬에 큰 역할을 하였다. 이조판서를 거쳐 예조판서에 재임하던 중 1721년 왕세제王世弟(뒤의 영조)의 대리청정 문제로 소론 김일경金一鏡 등의 공격을 받아 벼슬에서 물러났다. 뒤이어 목호룡睦虎龍의 고변으로 신임사화辛壬士禍가 일어나 많은 노론 관료들이 처벌되자, 그 역시 평안도 운산에 유배되었다.

1724년 영조가 즉위하여 노론이 집권하게 되자 유배에서 풀려 돌아왔고, 1725년(영조 1) 형조판서로 서용되었다가, 이조판서에 전임되어 수어사守禦使를 겸하였다. 문관의 인사를 담당하면서 명사들을 조정

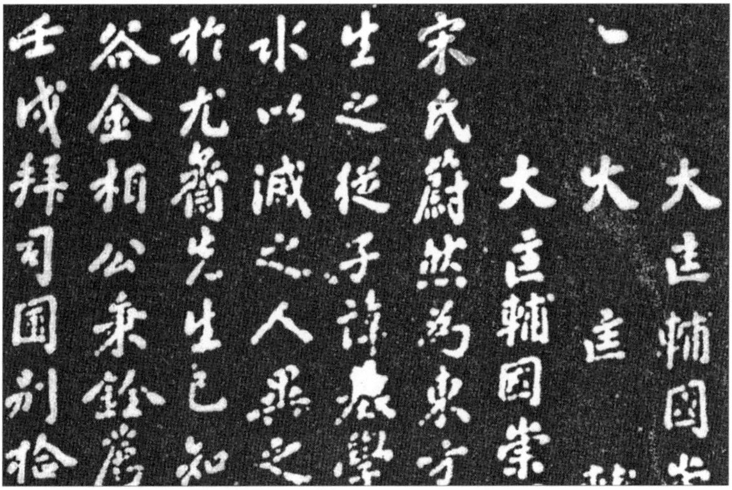

이의현의 글씨, 대전「송기학 묘갈」에서

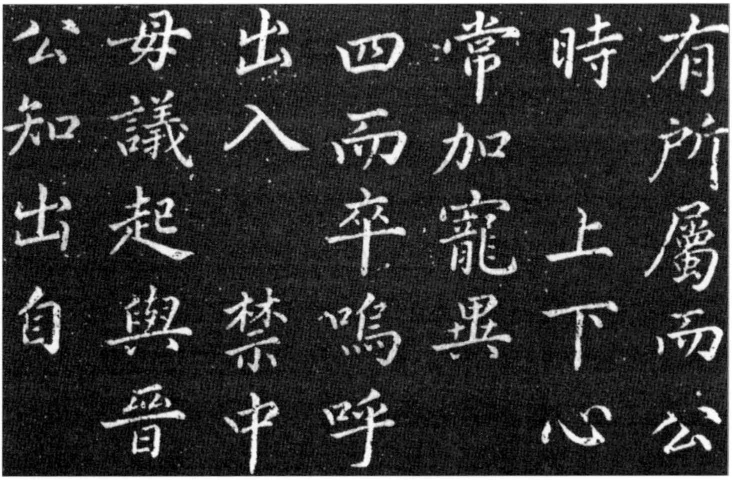

이의현의 글씨, 시흥「박미 신도비」에서

에 끌어들이는 데 힘썼다. 같은해 왕세자 죽책竹冊 제진製進의 공로로 포상을 받았고, 승문원제조承文院提調와 비변사유사당상備邊司有司堂上을 겸직하였다. 또 판의금부사判義禁府事에 임명되어, 유봉휘柳鳳輝 등 소론에 대한 치죄治罪를 맡았다. 이듬해 예조판서로 옮기고 양관 대제학兩館大提學이 되어 세자빈객을 겸하였다. 1727년 우의정에 발탁되었으며, 좌의정 홍치중洪致中과 함께 김일경의 흉소凶疏에 동참했던 이진유李眞儒 등 5인의 죄를 성토하고 처형을 주장하였다. 이 해에 노론의 지나친 강경책에 염증을 느낀 영조英祖에 의하여 정권이 소론에게 넘어간 정미환국이 있자 이의현도 파직되어 양주로 낙향하였다. 이듬해 이인좌李麟佐 등에 의하여 무신란戊申亂이 발생하자, 판중추부사로 기용되어 반란 관련자에 대한 치죄를 담당하였다.

이어 『경종실록』 편찬에 참여하고, 1732년 사은정사謝恩正使로 청나라에 다녀왔다. 1735년 특명으로 영의정에 임명되어 왕으로부터 김창집 · 이이명李頤命 두 대신의 신원伸寃을 요구하는 노론의 완강한 주장을 누그러뜨리도록 부탁받았다. 그러나 신원할 수 없다는 왕의 반야하교半夜下敎(밤중에 내리는 교서)에 사직을 청하였다가 영조의 노여움을 사 파직되었다. 우의정 김흥경金興慶의 구원으로 곧 판중추부사에 서용되어 양주에 머물면서 국가의 크고 작은 정사의 자문에 응하였다. 1739년 영중추부사에 제수되고, 1742년 치사致仕하여 봉조하奉朝賀가 되었다.

이의현은 신임사화辛壬士禍 때나 정미환국丁未換局 등의 비상시에

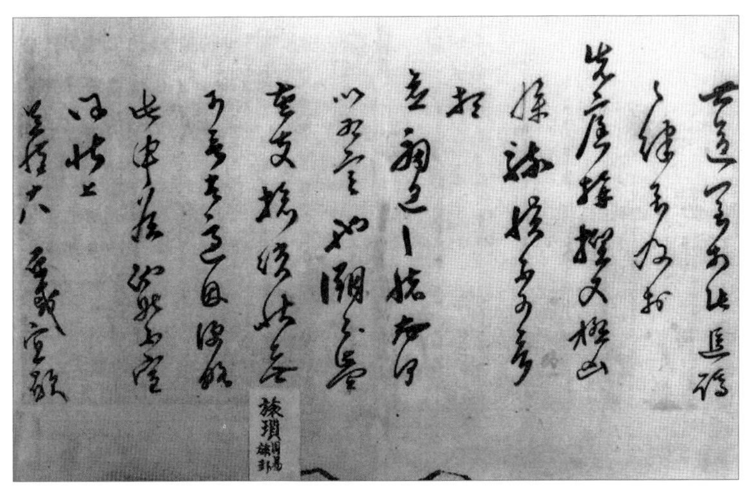

이의현의 글씨

처하여 홀로 청의淸議를 지켜 의론을 굽히지 않았다. 영조 초 이조판서로 재직하면서 사사로운 보복에 급급했던 민진원閔鎭遠·조관빈趙觀彬 등의 전횡을 견제하고 청론을 심고자 노력하여 사람들의 신망을 얻었다. 민진원이 죽은 뒤 노론의 영수로 추대되었으며, 노론 4대신의 신원과 경종景宗 대의 신임옥사辛壬獄事가 무옥誣獄임을 밝히는 데 진력하였다. 1740년의 경신처분庚申處分, 1741년의 신유대훈辛酉大訓으로 신임옥사 때의 충역시비忠逆是非를 노론老論 측 주장대로 결정되게 하였다. 청빈 검소를 스스로 실천하여 청백리淸白吏로 이름이 났다.

저서로는 『도곡집陶谷集』 32권이 있다. 시호는 문간이며 묘지는 남양주 이패동에 소재(현재 양정역 부근)해 있다. 글씨에도 탁월하여 금양위 박미金陽尉朴瀰 비, 충정공 홍익한忠正公洪翼漢, 영빈 김씨寧嬪金氏 묘표, 대전 송기학宋基學 묘갈, 민진후閔鎭厚 묘갈, 조여趙旅 신도비 등의 비문이 남아 있다.

참고문헌

『청북서화가명자호보』;『숙종실록』;『경종실록』;『영조실록』;『국조문과방목』;『조선인명사서』;『한국인명대사전』, 신구문화사, 1976 ; 유홍준,『진경시대(1)』, 돌베개, 1998 ; 한신대학교,『동국진체전東國晋体展』; 한국정신문화연구원,『한국민족문화대백과사전』18, 1991.

[http://남양주타임즈 2010.4.4]

신임申銋

1639(인조 17)~1725(영조 1)

조선 후기 문신으로 자는 화중華仲, 호는 죽리竹里 · 한죽당寒竹堂, 본관은 평산平山이다. 집의執義를 지낸 신명규申明圭의 아들이다.

소론의 영수인 박세채朴世采의 문인으로 1657년(효종 8) 진사시에 합격하고 1680년(숙종 6) 의금부도사에 제수되었으나 나아가지 않다가 효종릉孝宗陵 사건으로 귀양간 아버지의 억울함을 격쟁擊錚(원통한 일을 당한 사람이 국왕에게 고하기 위하여 행차하는 임금을 길가에서 기다렸다가 꽹과리를 쳐 알리는 행위)하여 방면케 하였다.

1686년 정시문과에 병과로 급제하여 호조좌랑 · 경기도도사 등을 거쳐 1696년 사헌부지평이 되었다. 이후 연안부사延安府使로 있을 때 선정을 베풀고 돌아와 수원부사를 거쳐 황해감사 · 대사간 · 이조참의를 역임하고 개성유수로 임명되었으나 곧 파직되었다. 그 뒤 육조의 여러 벼슬과 도승지 · 대사헌 등을 역임하고 1718년 지중추부사가 되면서 기로소耆老所에 들어갔으며 참찬과 공조판서를 역임하였다. 1722년(경종 2) 왕위계승 문제를 둘러싸고 노론과 소론간의 싸움으로

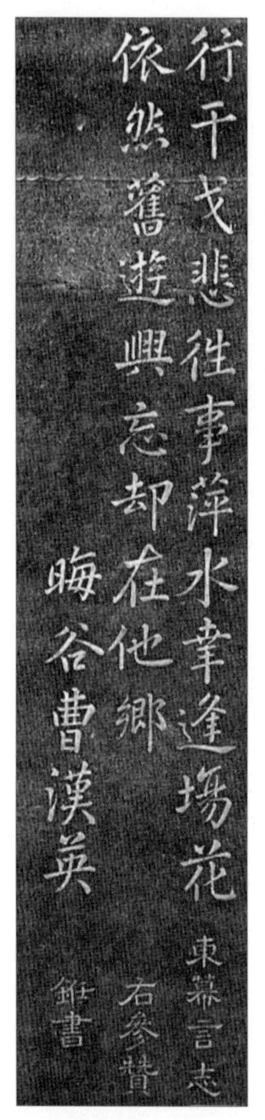

신임의 글씨,
「유철 시비」에서

야기된 신임사화辛壬士禍로 노론의 중진들이 제거되자 이를 항의하다가 제주도에 유배되었다. 1724년 영조가 즉위한 후 사면되어 돌아오는 길에 해남海南에서 병으로 사망하였다.

시와 글씨에 뛰어났으며 영의정에 추증되었다. 시호는 충경忠景이고, 남양주 별내면 화접리 주을촌에 묘가 있다. 필법이 기이하고 굳세다(奇勁)고 하였다. 작품으로는 경주부윤 윤리尹理 비, 남양주 유철兪㯙 시비 등이 있다.

참고문헌

『청북서화가명자호보』; 『숙종실록』; 『경종실록』; 『영조실록』; 『국조인물고』; 『청선고』; 『한국인명대사전』, 신구문화사, 1976;한국정신문화연구원, 『한국민족문화대백과사전』 13, 1991.

[http://남양주타임즈 2010.4.8]

송익필宋翼弼

1534(중종 29)~1599(선조 32)

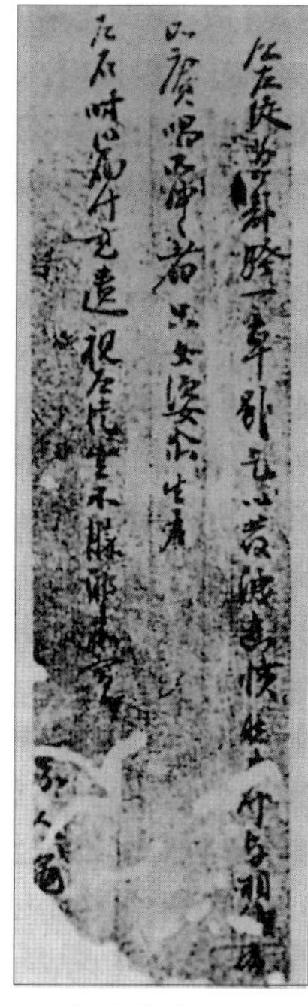

송익필의 글씨

송익필의 글씨,
「삼현수간(三賢手簡) 서(序)」에서 37×26.5cm

조선 중기 학자 · 문신으로 자는 운장雲長, 호는 구봉龜峯 · 현승玄繩, 본관은 여산礪山이다. 판관判官을 지낸 송사련宋祀連 아들로 남양주 수동면 송천리 113번지에서 출생하였다. 할머니인 감정甘丁이 본래 안돈후安敦厚의 천첩 소생이었으므로 신분이 미천하였다. 그러나, 아버지가 안처겸安處謙과 그 아우 안처근安處謹이 함께 1519년(중종 14) 기묘사화를 일으킨 심정沈貞과 남곤南袞 등의 숙청 및 경명군景明君의 추대를 모의했다는 역모를 조작 · 고발하여 공신에 책봉되고 당상관이 되었기 때문에 가정이 부유하였다.

재능이 비상하고 문장이 뛰어나 아우 한필翰弼과 함께 일찍부터 문명文名을 떨쳤고 명문 자제들과 폭넓게 교류하였다. 한 번 초시를 본 이외에는 과거를 단념하고 오로지 학문에만 몰두하여 명성이 자자하였으므로 당시의 대학자인 이이李珥, 성혼成渾 등과 함께 성리학의 깊은 이치를 논변하였고 특히 예학禮學에 밝았다. 고양 귀봉산龜峯山 기슭에 칩거하면서 많은 후진들을 양성하였는데 그 문하에서 조선 예학禮學의 대가인 김장생金長生과 김집金集, 정엽鄭曄, 서성徐渻, 정홍명鄭弘溟, 강찬姜燦, 김반金槃 등 많은 학자들이 배출되었다.

1586년(선조 19) 동인東人들의 충동으로 안씨 집안에서 송사를 일으켜 안처겸의 역모가 조작임이 밝혀지고 그의 형제들을 포함한 할머니 감정의 후손들은 전부 안씨 집의 노비로 환속되게 되자 그들은 신분을 숨기고 도피하였다. 그 후 1589년 기축옥사己丑獄死로 정여립鄭汝立 · 이발李潑 등 동인들이 제거되자 그의 형제들은 신분이 회복되었

송익필의 글씨,
「삼현수간(三賢手簡)」
증호원서(贈浩原書, 26×34cm)

송익필의 글씨,
「삼현수간(三賢手簡)」
답서헌서(答敍獻書, 18×31cm)

으나 이 때문에 기축옥사의 막후 조정 인물로 지목되었다. 뒤에 동인의 전횡을 공격하는 조헌趙憲의 과격한 상소에 관련된 혐의로 북인北人의 영수인 영의정 이산해李山海의 미움을 받아 희천熙川으로 유배되었다. 1593년 방면되었으나 일정한 거처없이 친구 문인들의 집을 전전하며 불우하게 말년을 보냈다. 구봉龜峯은 새벽에 일어나 의관을 바로하고 독서하거나 글씨를 쓰며, 하루 종일토록 게을리 하지 않았다. 구봉이 우계牛溪 성혼成渾에게 보낸 시(寄成牛溪)를 소개하면 다음과 같다.

安土誰知是太平　편안한 땅에서 누가 이 태평성대를 알리오
白頭□病滯邊城　흰 머리에 병까지 겹치고 변방의 성에 갇혔구나
花欲開時方有色　꽃은 피려고 할 때 가장 고운 빛이 있고,
水成潭處却無聲　물은 못을 이루고 곳에 문득 소리가 없어진다.
千山雨過晴空月　천산에 비 지나가고 개인 하늘에 달이 환하다.

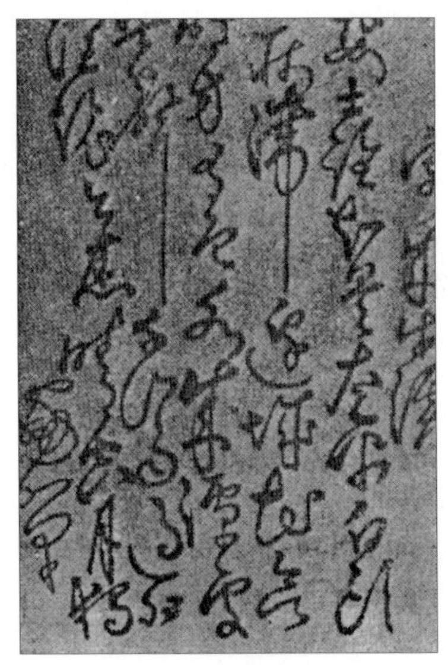

송익필의 글씨, 「우계 성혼에게 보낸 시」

글씨에는 "龜峰" 두 글자의 낙관이 초서로서 시원스럽고 준일雋逸하다. 시와 문장에 뛰어났는데 시는 당唐의 시선詩仙 이백李白을, 문장에 뛰어나 좌구명左丘明과 사마천司馬遷을 모범으로 하였으며 이산해李山海·최경창崔慶昌·백광홍白光弘·최립崔岦·이순인李純仁·윤탁연尹卓然·하응림河應臨 등과 함께 '8문장가'의 한 사람으로 꼽혔으며 시와 글씨에도 일가를 이루었다. 저서로는 시문집인 『구봉집』이 전하며 지평에 추증되고 충남 논산 휴정서원休亭書院에 제향되었다. 시호는 문경文敬이다.

참고문헌

『청북서화가명자호보』; 『근역서화징』; 『택당집』; 『동국문헌필원보』; 『근역서휘槿域書彙』; 『중종실록』; 『선조실록』; 『구봉집』; 『연려실기술』; 『국조인물고』; 『한국유학사』; 『조선후기사상사연구』; 『한국인명대사전』, 신구문화사, 1976 ; 한국정신문화연구원, 『한국민족문화대백과사전』 13, 1990 ; 양주군지편찬위원회, 『양주군지』 하, 1992 ; 이유원, 『임하필기』, 7-235.

[http://남양주타임즈 2010.4.13]

목대흠睦大欽

1575(선조 8)~1638(인조 16)

조선 중기 문신으로 자는 탕경湯卿, 호는 다산茶山 · 죽오竹塢, 본관은 사천泗川이다. 이조참판을 지낸 목첨睦詹의 아들이다.

1601년(선조 34) 진사가 되고, 1605년 별시 문과에 병과로 급제하여, 승문원에 등용된 후 세자시강원의 벼슬을 거쳐 사가독서賜暇讀書를 하였다. 1612년(광해군 4년) 광주목사가 되었으나 광해군의 정치가 문란해지자 사직하고 낙향했다. 인조반정仁祖反正 후에 다시 벼슬에 등용되었다. 1624년(인조 2) 이괄李适의 난에 영의정 이원익李元翼의 종사관으로 종군하여 난이 평정된 후 호종의 공으로 예조참의에 오르고, 1633년(인조 11) 강릉부사가 되었으며 떠나올 때 민심을 얻어 유애비遺愛碑가 세워졌다.

인품과 관직에 임하는 자세에 대해서는 정약용丁若鏞의 『목민심서牧民心書』에 "다산 목대흠은 총명하고 기억력이 뛰어 났다. 연안부사가 되었는데 날마다 쓰는 모든 물종을 장부에 기록하지 않고서도 하나도 잊어버리지 않아서 아전들이 감히 속이지를 못하였다. 일찍이 게 수

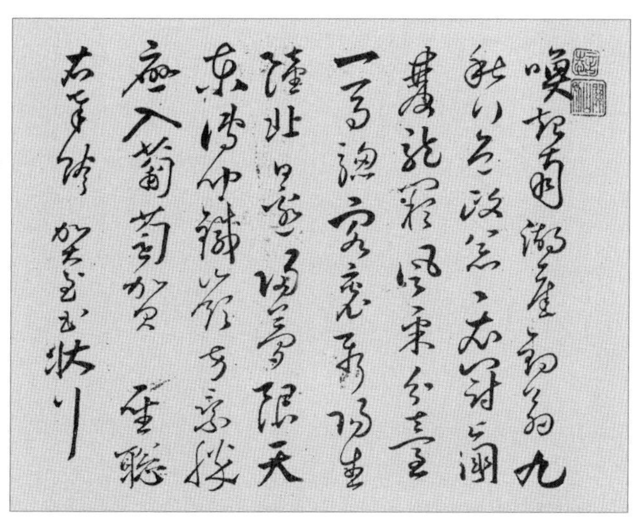

목대흠의 글씨, 전별시(餞別詩) ; (朝天別章, 29×49cm)

백 마리를 큰 단지 속에다 젓담아 두고서 그것을 조석으로 바치게 하였다. 하루는 주리廚吏가 게가 떨어졌다고 아뢰니 그는 '아직도 두 마리가 있을 것이다'라고 말하였다. 주리가 황공히 물러나 단지 속을 뒤져보니 과연 두 마리의 작은 게가 젓국 속에 들어 있었다. 이로부터 공사간公私間의 장부에는 털끝만큼도 숨겨진 것이 없었다." 라고 기록이 남아 있다. 시문詩文에 뛰어났고 저서로『다산집』이 있다. 남양주 평내동에 묘갈이 있다. 작품으로는 남양주 목첨睦詹 신도비가 있다.

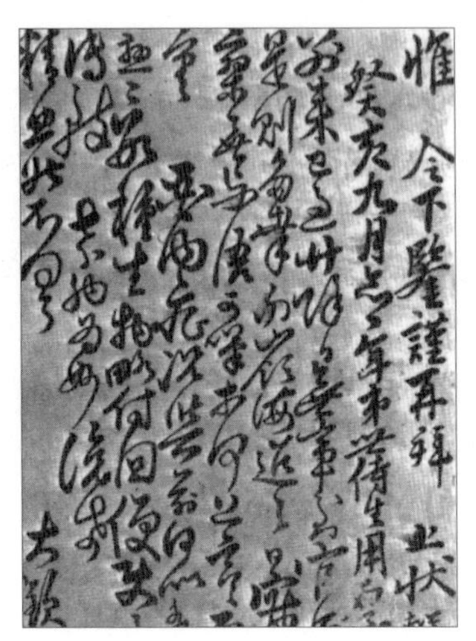

목대흠의 글씨,「명가필보」에서

참고문헌

『청북서화가명자호보』;『광해군일기』;『국조인물고』;『조선도서해제』;『목민심서』;『사천목씨세보』

[http://남양주타임즈 2010.4.17]

이덕형李德馨

1561(명종 16)~1613(광해군 5)

이덕형의 별서지 ⓒ윤종일

조선 중기의 문신으로 자는 명보明甫이며, 한산漢山의 북편에 살았다고 하여 한음漢陰이라 자호하였으며, 본관은 광주廣州이다. 지중추부사를 지낸 이민성李敏聖의 아들이자 영의정을 지낸 이산해李山海의 사위이다.

나면서부터 자질이 뛰어나서 굳세고 순후醇厚하면서도 조심성이 있어 장난같은 것은 좋아하지 아니하였으며, 8세에 입학하여 어렵고 의심스런 점을 지껄이는 점이 어린아이 같지 아니하였으며, 15세가 되기도 전에 뛰어나게 성취하여 봉래 양사언楊士彦이 감탄하여 말하기를 "그대는 나의 스승이다"하였다.

20세인 1580년(선조 13) 별시문과에 을과乙科로 합격하여 승문원承文院에 배치받고 1583년 사가독서하고 이듬해에 박사가 된 후 수찬·교리·이조좌랑·대사간·대사성을 역임하였다. 1592년(선조 24)에는 31세에 예조참판에 대제학을 겸임하였고 임진왜란 때 대동강까지 진격한 왜장 고니시小西行長가 겐소玄蘇와 야나가와柳川調信 등을 보내어 구화媾和를 요구해오자 대사헌 신분으로 이들과 대동강상大洞江上에서 회담을 하였는데 이때 공이 적에게 꾸짖기를 "너희들이 아무런 까닭도 없이 군사를 일으켜 오랫동안의 우호友好를 깨뜨림은 무엇인가?" 하니, 겐소(현소) 등이 이르기를 "우리는 명나라로 들어가려고 하는데 조선이 군도를 빌려주지 않았기 때문이다"하는지라, 공은 준엄한 얼굴을 하며 잘라 이르기를 "너희들이 우리의 부모국과 같은 나라를 침범하려고 하니, 설사 우리나라가 망하는 한이 있더라도 할 수 없

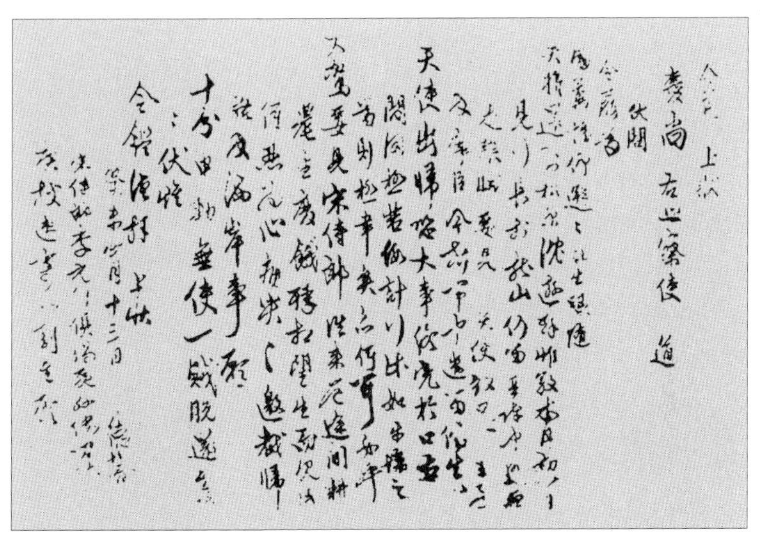

이덕형의 글씨, 「근묵」에서

다. 어찌 화의和議가 이루어지겠는가?" 하면서 대의로서 그들의 침범을 공박하였다. 이후 선조를 호종扈從하면서 평양을 떠나 함경도로 몽진蒙塵하려는 왕에게 이항복李恒福과 더불어 우리나라를 돕기 위하여 들어올 명군明軍을 맞이하기 위하여 의주로 향하여야 한다고 간하여 선조와 조정의 함경도 행을 포기케 하고 조명朝明 국경 도시인 압록강구의 의주로 방향을 바꾸게 하였다. 이어서 청원사請援使가 되어 명나라에 들어가 구원군을 요청하고 귀국하여 한성판윤이 되고 명나라의 원병이 들어오자 명장 이여송李如松의 접반관接伴官이 되어 전쟁 중 줄곧 그와 같이 행동하면서 지원을 아끼지 않았다. 1593년 병조판서가 되고 다음해인 1594년에 이조판서에 훈련도감의 당상堂上을 겸임하였다. 1595년엔 경기 · 황해 · 평안 · 함경 4도의 체찰부사體察副使가 되었으며 1598년 38세의 나이로 우의정이 되고 이어 좌의정에 훈련도감도제조를 겸임하였다. 1597년 정유재란 때 도원수 권율의 막하에서 부흥군復興軍을 창설하여 명明나라의 제독提督 유정柳綎과 함께 순천에서 통제사 이순신과 합동작전으로 고니시小西行長군을 대파하였다. 1601년에 행판중추부사行判中樞府使로 경상 · 전라 · 충청 · 강원도의 4도 도체찰사都體察使가 되어 임진왜란 이후의 민심 수습과 군대의 정비에 진력하였으며 명군과 연합한 대마도對馬島 정벌을 건의하기도 하였다. 이듬해에 영의정이 되었으며 1608년에 광해군이 즉위하자 신왕新王의 책봉문제 때문에 진주사陳奏使로 명에 다녀온 후 다시 영의정이 되었다.

1613년(광해군 5) 북인의 영수인 이이첨李爾瞻의 사주를 받은 삼사三司에서 영창대군永昌大君의 처형과 폐모론을 들고 나오자 이항복李恒福과 함께 이를 적극 반대하였다. 이에 삼사三司에서 그를 처형할 것을 주장하였으나 광해군光海君은 이를 경감하여 삭탈관직하였으며 이후 오늘날의 조안면 송촌리 용진龍津에 낙향하여 별서를 짓고 살았다. 동인이 남 · 북으로 분당하자 처음에는 중도적 입장을 취하다가 후에 남인南人에 가담하였다. 어렸을 때부터 백사 이항복과 절친하여 기발한 장난을 잘하여 많은 일화를 남겼으며 글씨에 뛰어나 조선 전기의 4대 서예가로 글씨에 뛰어났다. 경기 포천의 용연서원龍淵書院과 경북 문경의 근암서원近巖書院에 제향되었다.

저서로는 『한음문고漢陰文稿』가 있으며 남양주 조안면 송천리 용진龍津에 농사를 지으면서 여가를 보냈던 별서別墅 터가 있고, 묘지는 양평 용진龍津 강가에 있다. 병사하자 광해군은 몹시 애도하여 복관復官을 명하였으며 시호는 문익文翼이다.

참고문헌

『선조실록』; 『광해군일기』; 『국조인물고』; 『연려실기술』; 『백사집』; 『한국인명대사전』, 신구문화사, 1976 ; 『국사대사전』, 백만사;한국정신문화연구원, 『한국민족문화대백과사전』 17, 1991,청음 김상헌 1570.6.3(선조 3)~1652.6.25(효종 3).

[http://남양주타임즈 2010.4.24]

김상헌 金尙憲

1570.6.3(선조 3)~1652.6.25(효종 3)

김상헌의 묘 ⓒ김준호

조선 후기 문신으로 자는 숙도叔度, 호는 청음淸陰 · 석실산인石室山人(중년 이후에 와부 석실에 퇴귀해 있으면서 사용) · 서간로인西磵老人(만년에 안동에 은거하면서 사용), 본관은 안동이다. 돈녕부도정을 지낸 김극효金克孝의 아들이며, 우의정을 지낸 김상용金尙容의 동생이다. 어려서 큰아버지인 현감 김대효金大孝에게 출계하였다.

월정月汀 윤근수尹根壽의 문인으로 숭명파崇明派의 대표적 인물이다. 1590년(선조 23) 진사시에 합격하고, 임진왜란이 진행되던 1596년(선조 29) 정시문과에 병과로 급제하여 승문원권지에 임용되었다. 그 후 부수찬 · 좌랑 등을 거쳐 1601년 제주도에서 일어난 길운절吉雲節의 역모사건을 다스리기 위한 어사안무按撫御史로 파견되었다. 1608년(광해군 즉위) 문과중시에 급제하고, 사가독서賜暇讀書한 뒤 응교 · 직제학을 거쳐 동부승지가 되었으나 이언적李彦迪과 이황李滉 배척에 앞장선 정인홍鄭仁弘을 탄핵하였다가 광주목사廣州牧使로 좌천되었다. 1613년 칠서지옥七庶之獄이 발생, 인목대비仁穆大妃의 아버지인 김제남金悌男이 죽음을 당할 때 혼인관계(김상헌의 아들 김광찬이 김제남의 아들 협의 사위임.)로 인해 파직되자 집권세력인 북인北人의 박해를 피하여 안동군 풍산으로 이사하였다.

1623년 인조반정 이후 이조참의에 발탁되자 공신세력의 보합위주정치保合爲主政治에 반대 시비是非와 선악善惡의 엄격한 구별을 주장함으로써 인조반정에 가담하지 않은 서인(청서파)의 영수가 되었다. 이어 대사간 · 이조참의 · 도승지 · 부제학을 거쳐, 1626년(인조 4) 성절 겸

김상헌의 글씨

사은진주사로 명나라에 다녀왔다. 이후 육조의 판서 및 예문관 · 성균관 제학 등을 지냈다. 1632년 왕의 생부를 원종元宗으로 추존하려는 데 반대하여 벼슬에서 물러났다. 1635년 대사헌으로 재기용되자 군비의 확보와 북방 군사시설의 확충을 주장하였고, 이듬해 예조판서로 병자호란丙子胡亂이 일어나자 주화론主和論을 배척하고 끝까지 주전론主戰論을 펴다가 인조仁祖가 항복하자 안동으로 은퇴하였다. 1639년 청나라가 명나라를 공격하기 위해 요구한 출병에 반대하는 상소를 올

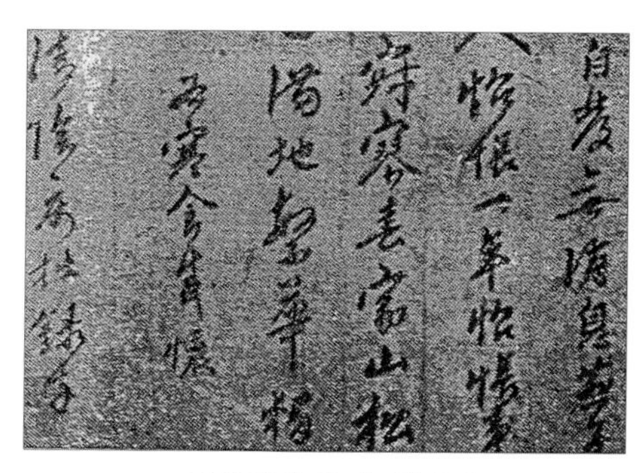

김상헌의 글씨, 친필시

렸다. 이로 인해 청나라에 인질로 붙잡혀 갔다가 6년 후인 1645년 석방되어 그 해에 특별히 좌의정에 제수되고, 기로사에 들어갔다. 효종이 즉위하여 북벌을 추진할 때 그 이념적 상징으로 대노大老라고 존경을 받았으며, 김육金堉이 추진하던 대동법大同法에 반대하고 김집金集 등 서인계 산림山林의 등용을 권고하였다. 우계牛溪 성혼成渾의 도학道學에 연원을 두었으며, 이정구李廷龜 · 김유金楺 · 신익성申翊聖 · 이경여李敬輿 · 이경석李景奭 · 김집金集 등과 교유하였다. 1653년 영의정에 추증되었으며, 1661년(현종 2) 효종孝宗 묘정廟庭에 배향配享되었다. 문집으로 『청음집』이 있고, 양주 석실서원石室書院, 함북 종성 종산서원鍾山書院, 함북 경성 화곡서원華谷書院, 함남 정평 망덕서원望德書院, 평북 정주 봉명서원鳳鳴書院, 경북 상주 서산서원西山書院, 안동 서강서원西江書院, 황해 개성 숭양서원崧陽書院, 제주 귤림서원橘林書院 등에 제향되었다. 시호는 문정文正이다. 남양주 와부읍 덕소리 와부 석실에

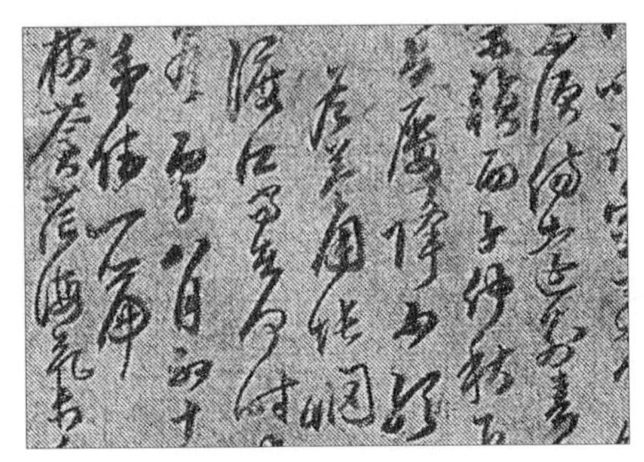

김상헌의 글씨(성암고서박물관 소장)

묘역과 묘비가 있다. 일찍이 심양瀋陽의 질관質館에 있을 때 스스로 비명碑銘을 지었는데, 청음이 남긴 경계의 말씀에 따라 묘석墓石에 아래의 글을 새겼다.

지극한 충성을 금석金石에 맹세하고
대의大義를 일월日月에 매달도다.
천지天地가 내려다보고 있어
귀신鬼神이 질정한 것이로다.
고도古道에 부합하기를 바랐는데
도리어 현세現世에는 어긋나네.
아! 백대百代의 후세後世에
사람들이 내 마음을 알아주기를

명필로 이름이 높았고 동기창체董其昌體를 잘 썼으며, 작품으로는 수천군秀泉君 정은貞恩 묘갈서병전, 금강산金剛山 정양사正陽寺 「헐성루歇惺樓」 현판(김창협의 『농암집』의 동유기東遊記에 김강산 정양사 「헝성루」 현판에 대하여 "벽에 증조할아버지 청음공의 시 한 수가 있다. 이는 1602(선조 35)년 고산찰방高山察訪으로 계시면서 장단부사長端府使를 지내신 형 상관과 함께 오셨다가 산에 갇혀 이 시를 남기신 것을 큰 아버지(김수증)께서 덧붙여 쓰시어 현판한 것이다."라고 하였다) 등이 있다.

참고문헌

『청북서화가명자호보』; 『근역서화징』; 『석실』; 『인조실록』; 『효종실록』; 『국조인물고』; 『국조인물지』; 한국정신문화연구원, 『한국민족문화대백과사전』 4, 1991 ; 안동김씨대동보 간행위원회, 『안동김씨세보』, 1982.

[http://남양주타임즈 2010.5.1]

최석항崔錫恒

1654(효종 5)~1724(경종 4)

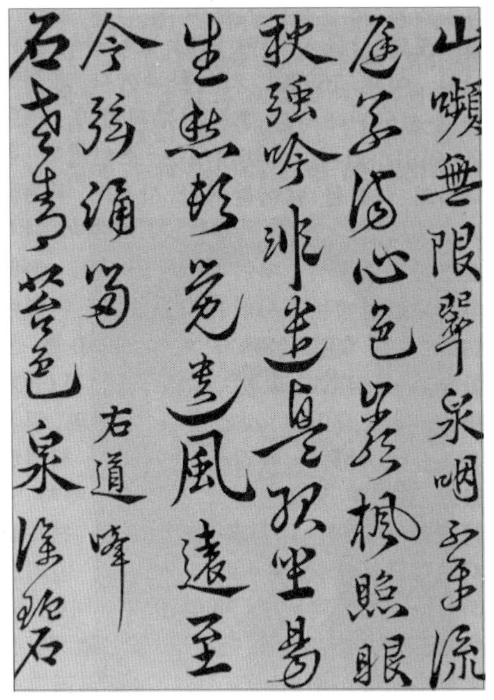

최석항의 글씨, 「명가필보」에서

조선 후기 문신으로 자는 여구汝久, 호는 손와損窩, 본관은 전주全州이다. 영흥부사 최기남崔起南의 증손으로, 한성좌윤 최후량崔後亮의 아들이고, 교관 최후원崔後遠에게 입양되었다. 영의정을 지낸 최석정崔錫鼎의 아우이다.

1678년(숙종 4) 진사가 되고, 1680년(숙종 6) 별시 문과에 급제하여, 예문관검열이 되었다. 1684년 사간원司諫院 정언正言으로 있을 때는 임오삼고변壬午三告變 사건에 연루된 남인 김환金煥의 처벌을 강력하게 주장하였다. 그 해 9월에는 이조판서 이익李翊을 탄핵하여 파직시키기도 하였다. 1686년 7월에는 함경도 암행어사가 되어 서북 변방지역의 형세와 민정을 시찰하고 돌아왔다. 그 해 9월에는 사헌부지평이 되었다. 다음해 4월 송시열宋時烈과 윤증尹拯의 문하생들 간에 서로 상소하여 스승을 위한 변명이 치열해 지면서 조정은 이른바 회니시비懷尼是非의 논쟁이 치열하였는데, 이때 그는 온건한 언론으로 윤증尹拯의 입장을 두둔하였다. 이 때문에 노론측의 공격을 받고 체직되었다. 1688년에는 권세를 부리던 노론의 중진 병조판서 이사명李師命을 탄핵하여 삭주로 유배토록 하였다. 그 해 3월 홍문록弘文錄에 선발되고 다음달 도당록都堂錄에 선임되어 홍문관부교리에 임명됨으로서 청요직의 출세가도를 달리게 되었다. 1689년(숙종 15) 2월 기사환국이 일어나고 남인이 정권을 잡자 그도 체직되어 5년간 벼슬길에 나오지 못하였다. 그러나 그는 일찍이 조정에서 장희빈張禧嬪의 아버지인 장형張炯에게 내리는 제사의 제문을 쓴 일이 있어 노론측으로부터 비판을 받았다. 1696년 세자시강원 보덕輔德, 홍문관 부수찬 등을 역임하고 그 해 7월 당상관에 진급하여 승정원 승지에 임명되었다. 다음해 사간원 대사간을 역임하고 1700년 경상도 관찰사로 나가 큰 치적을 올렸다. 사리판단과 일 처리가 명민하고 공정하여 '당시 8도의 관찰사들 중에서 최고'라는 평을 들었다. 1703년(숙종 29) 개성유수開城留守·평안도 관찰사 등을 역임하였고, 1705년에 도승지가 되었다. 이후 성균관 대사성·이조참판 겸 예문관 제학提學·사헌부 대사헌 등을 두루 역임하였다. 1707년 왕의 특명으로 형조판서에 승진하였고, 이후 이조판서·병조판서·예조판서 등을 두루 여러 차례 역임하였다. 다음해 6월에는 의정부좌참찬·한성부판윤·판의금부사判義禁府事 등을 지냈다. 다음해 다시 병조판서에 임명되어 북한산성北漢山城을 축조하는 논의가 있게 되자 그는 민생의 고통을 이유로 이에 반대하였다. 1715년(숙종 41) 경기관찰사·강화유수 등을 지내고 1721년(경종 1) 10월 왕세제王世弟(훗날의 영조) 대리청정의 지시가 내렸을 때 좌참찬으로서 왕을 대면하여 그 부당성을 지적함으로써 그것을 철회시키기도 하였다. 그해 11월 신축환국辛丑換局이 일어나 노론이 패퇴하고 소론이 정권을 잡자, 그는 우의정으로 승진하였다. 그 다음해까지 가혹하게 이어진 신임사화辛壬士禍를 처리하면서 그는 비교적 공평하고 온건하게 처리하고자 하였다. 1723년 좌의정으로 승진하였다가 다음해 4월에 타계하였다.

그는 왜소한 체구에도 불구하고 강인한 의지를 가지고 있었고 재능도 비상하여 오래 동안 정승 판서로 있으면서 한 시대의 정국을 요리하였다. 그러나 신임사화로 타격을 입었던 노론에 의해 사후에 비판을 면치 못하였다. 1746년(영조 22) 윤급尹汲 등의 비판으로 관작이 추탈되었고, 이후 정국의 추이에 따라 복관과 추탈을 거듭하였다. 그는 당시 소론 4대신(유봉휘柳鳳輝 · 이광좌李光佐 · 조태구趙泰耉 · 최석항崔錫恒) 가운데 한 사람으로 꼽혔다. 저서로는 『손와유고』 13권이 있다. 묘는 남양주 호평동에 소재해 있다.

참고문헌

『국조방목』; 『조선명신록朝鮮名臣錄』; 『상신록相臣錄』; 『숙종실록』; 『경종실록』; 『영조실록』; 『국조문과방목』; 『조선인명사서』; 『한국인명대사전』, 신구문화사, 1976 ; 한국정신문화연구원, 『한국민족문화대백과사전』 22, 1991.

[http://남양주타임즈 2010.5.9]

이하응 李昰應

1820(순조 20)~1898(고종 35)

이하응의 그림, 「난초」

이하응의 묘 ⓒ김준호

조선 말기에 정치가이자 고종高宗의 생부로서 자는 시백時伯, 호는 석파石坡, 본관은 전주이다. 1843년(헌종 9)에 홍선군에 봉해졌다. 시호는 헌의獻懿이다. 철종哲宗이 후사없이 승하하자 대왕대비 조씨(익종翼宗의 비, 신정왕후 조씨神貞王后 趙氏, 헌종의 모)에 의해 홍선군의 둘째 아들(고종)이 왕위에 오르자 대원군에 진봉되면서 섭정하였다. 1907년(융희 1) 대원왕大院王에 추봉되었다.

글씨와 란을 잘 그렸다. 대원군의 란 그림을 "석파란石坡蘭"이라 칭한다. 란 그림의 대가인 추사秋史 김정희金正喜가 쓴 석파의 "란권蘭卷"에 "란을 그리는 것이 가장 어렵다는 것과 인품과 화품畵品이 모두 고

흥국사 대웅보전 현판

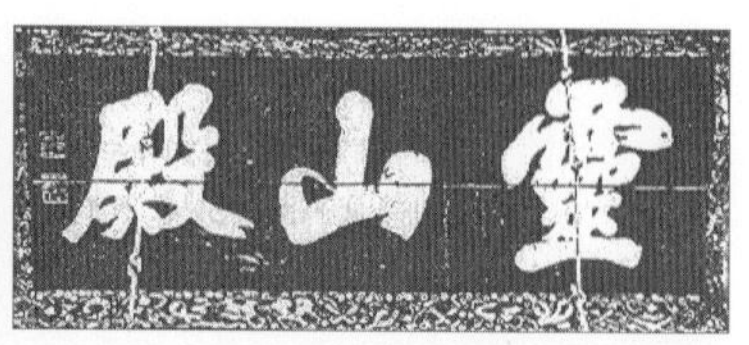

흥국사 영산전 현판

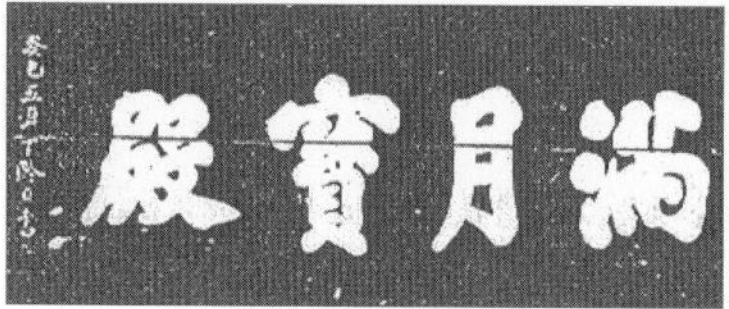

흥국사 만월보전 현판

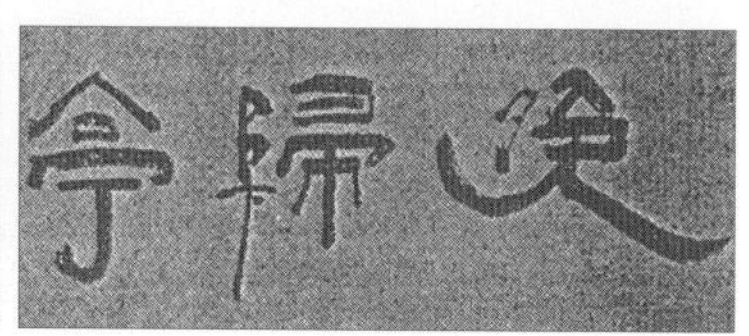

만귀정

흥국사 현판

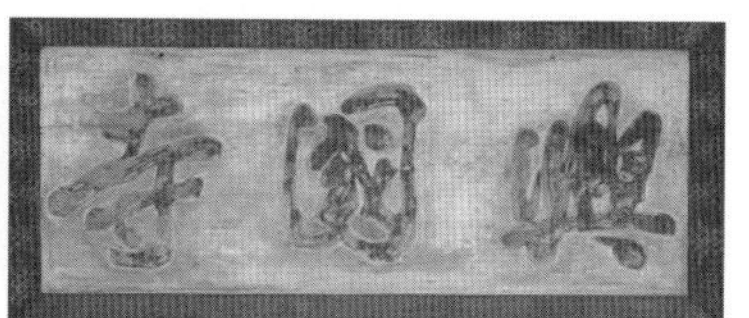

흥국사 현판

고하여 보통 사람보다 뛰어나야하며 다만 석파는 란 그림의 깊은 경지에 들어갔다. 아울러 석파의 타고난 자질이 맑고 오묘하며 란의 성질과 가까운 점이 있기 때문이다. 앞으로 나에게 란을 그려 달라고 하면 나보다 더 나은 석파에게 그려달라고 하는 것이 옳겠다."라고 칭찬하였다. 또한 그의 『완당집阮堂集』에 "매우 아름다운 예서 글자는 란 그림과 함께 쌍미雙美가 되어 그 지붕머리에 무지개가 뻗치는 것을 볼

수 있을 것이다."라고 하였다.

작품으로는 다량의 묵란도墨蘭圖와 남양주 흥국사에 흥국사興國寺 현판, 대웅보전大雄寶殿 현판, 영산전靈山殿 현판, 만월보전滿月寶殿 현판, 이천 김좌근金左根 묘표 등이 있다.

참고문헌

『완당집』;『근역서화징』;『청북서화가명자호보』.

[http://남양주타임즈 2010.5.13]

이희조李喜朝

1665(효종 6)~1724(경종 4)

이희조의 묘 ⓒ임병규

大監前 [illegible]

史官判書 記室執事

丁丑十月廿四日 [illegible]李喜朝 [illegible]

[illegible]

即日和[illegible]

[illegible]體起居神相[illegible]

大監移[illegible]天書不[illegible]

[illegible] 朝[illegible]

[illegible]之至 喜朝 今十五[illegible]

[illegible]

[illegible]耳 [illegible]

[illegible]

[illegible]下答 [illegible]

이희조의 글씨, 「근묵」에서

[illegible]

東萊府使 [illegible]

[illegible]

丁丑九月廿[illegible] 喜朝 [illegible]

[illegible]

이희조의 글씨, 「가장」에서

조선 중기 문관으로 자는 동보同甫, 호는 지촌芝村 · 간암艮菴, 본관은 연안延安이다. 부제학을 지낸 이단상李端相의 아들이다. 어머니는 전의 이씨全義 李氏로 우의정을 지낸 이행원李行遠의 딸이다.

일찍이 벼슬을 단념하고 송시열宋時烈의 문인이 되어 학문에 전력하였다. 현종 대에 영의정 허적許積이 권세를 잡고 송준길宋浚吉을 배척하는 소를 올렸을 때 조정에서 누구도 변명하지 못하였으나, 그는 김수항金壽恒에게 글을 올려 논박하자 김수항이 탄복하였다. 1675년(숙종 1) 남인들의 탄핵으로 송시열이 귀양을 간 뒤에는 양주의 영지동靈芝洞에 은거하며 「대귀설大歸說」을 지었다. 1680년 경신환국으로 서인들이 정권을 잡자, 유일遺逸(재야학자)로 천거되어 건원릉참봉健元陵參奉에 임명되었으나 사퇴하였다. 다시 천거되어 전설사별검典設司別檢 · 의금부도사 · 공조좌랑을 지내고 진천현감으로 나가 선정을 베풀었다. 1689년 기사환국으로 남인 정권이 들어서고 송시열이 사사되자 벼슬에서 은퇴하였다가, 1694년 갑술옥사甲戌獄事 후에 다시 기용되어 인천현감仁川縣監 · 동궁서연관東宮書筵官 · 사헌부 지평司憲府 持平 등을 역임하고 천안군수로 나가 치적을 올렸다. 그 뒤 장악원정掌樂院正을 거쳐 해주목사로 부임하자 석담石潭에 율곡 이이의 유적을 찾아 요금정搖琴亭을 세웠다. 또 이제묘夷齊廟에 송시열의 글씨로 편액을 달고 기문記文을 지어 걸었고, 나라를 위하여 죽은 사람들의 사당을 세워 민심을 격려하였다. 1717년 사헌부대사헌, 이듬해 이조참판 · 세자찬선 · 성균관좨주를 지내고 1719년 다시 대사헌이 되었다. 그러나 1721

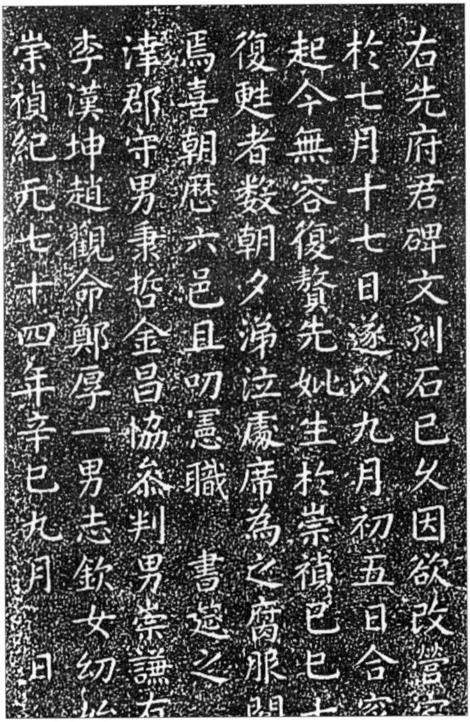

이희조의 글씨, 「이단상 신도비」 추서에서

년(경종 1) 신임사화辛壬士禍로 노론 4대신(김창집 · 이이명李頤命 · 이건명李健命 · 조태채趙泰采)이 유배당할 때 영암으로 유배되었고, 철산으로 배소를 옮기는 도중에 죽었다. 1725년(영조 1) 노론이 다시 집권하자 신원되어 좌찬성에 추증되었다. 인천의 학산서원鶴山書院과 평강의 산앙재영당山仰齋影堂에 봉향되었다.

저서로는 『지촌집芝村集』 32권이 있다. 편서에 『우서절요尤書節要』, 『주자대전차의朱子大全箚疑』, 『주륙동이집람朱陸同異輯覽』, 『송원명서절요宋元明書節要』, 『오선생서절요五先生書節要』, 『해동유선록海東儒先錄』, 『동현주의東賢奏議』, 『정관재이선생연보靜觀齋李先生年譜』, 『속경연고사續經筵故事』 등이 있다. 시호는 문간文簡이며 묘는 남양주 진접읍 부평리에 있다. 작품으로는 남양주 이단상李端相 신도비 후서가 있다.

참고문헌

『지촌집』; 『현종실록』; 『숙종실록』; 『연려실기술』; 『송자대전』; 『조선인명사서』; 『한국인명대사전』, 신구문화사, 1976 ; 한국정신문화연구원, 『한국민족문화대백과사전』 18, 1991.

[http://남양주타임즈 2010.5.16]

조상우趙相愚

1640(인조 18)~1718(숙종 44)

조상우의 글씨, 성남 「이영신 묘갈」에서

조상우의 글씨, 가평 「이일식 신도비」에서

조선 후기 문신으로 자는 자직子直, 호는 동강東岡, 본관은 풍양豐壤이다. 예조판서 조형趙珩의 아들이다.

영의정 이경석李景奭의 문하에서 수학하였으며, 1657년(효종 8) 사마시에 합격한 뒤 동춘당同春堂 송준길의 문인이 되었다. 1672년(현종 13) 익위사세마翊衛司洗馬에 제수되고, 숙종이 즉위하자 사축서별제司畜署別提에 승급하였고, 외직으로 나가 연천현감이 되었다. 제2차 예송논쟁으로 남인 정권이 들어선 1675년(숙종 1) 송준길이 사후 삭탈관작되자 동문 홍득우洪得禹 등과 반대하는 소를 올려 남평南平에 유배당한 뒤 이듬해 풀려났다. 1679년 모친상을 당해 복을 마치고, 1680년 경신환국庚申換局 후에 호조좌랑을 거쳐 태인현감을 되었다. 1682년 증광문과增廣文科에 을과로 급제한 뒤 1684년(숙종 10) 사헌부지평이 제수되자, 동래부사 한구韓構의 행실이 천박하다고 논핵하고, 집의 이굉李宏을 논죄하다가 왕의 노여움을 사 체직되었다. 그 뒤 훈련도감 종사관 · 서학교수 · 병조정랑을 역임하고, 호남에 암행어사로 나갔다가 홍문관 부교리가 되었다. 그 후 이조좌랑으로 있을 때 궁방宮房에 대한 토지와 어장의 절수折受를 폐지하고 충청도의 첩가미帖價米를 탕감할 것을 건의하여 수용되었다. 의정부사인을 거쳐 부응교가 되자 외척을 견제하다 처벌받은 홍치중洪致中을 변호하고 경연經筵을 자주 열 것을 주장하였다. 또한 평안감사 윤계尹堦와 황해감사 임규任奎의 잘못을 공격하였으나, 태인현감 재직시의 잘못을 추궁당하여 양주 쌍수역雙樹驛에 유배되었다가 대신들의 구원으로 풀려났다. 1689년 기사환국 이후 남인이 다시 집권하자 사도시정司導寺正 · 홍주목사 · 성균관사성 · 종부시정 · 좌통례 · 서산군수 · 강계부사 등의 한직을 전전하였다. 1694년 갑술환국甲戌換局으로 다시 서인이 집권한 뒤 남구만南九萬의 추천으로 특명에 내직에 들어와, 예조참의 · 사간원 대사간 · 승정원 동부승지 등을 지냈다. 이 무렵 유배자 석방 심사에 참여하였고, 옥사의 심리를 빨리하고 군포로 인한 침학행위를 없앨 것을 주장하였다. 이어 성균관 대사성 · 홍문관 부제학을 거쳐 개성유수에 발탁되었으나 · 가마에 대한 금령을 어겨 파면되었다. 그 후 대사간에 복직하여 양전量田을 바로 하고 군역을 공평하게 할 것을 건의하였다. 도승지 · 호조참판 · 동지의금부사를 거쳐 다시 부제학이 되자 왕실의 경비절감을 강조하고, 의관醫官을 보내 민간의 환자를 치료할 것 등을 건의하였다. 단종端宗의 복위와 종묘 부묘祔廟에 왕이 친림하는 것에 반대했다가 파직당하였으나 홍문관의 주청으로 용서받았다. 이어 경기감사에 임명되어 민폐와 변통책을 올렸고, 1700년 이조참판이 되자 서북지방의 인재등용책을 건의하였다. 형조와 예조의 참판을 거쳐 형조판서에 승진하였으며, 후궁 장희빈張禧嬪단종을 사사할 때 반대하는 소를 올렸다. 그 후 우참찬 · 대사헌을 역임하고 지중추부사 겸 도총관이 되어 중국에 사신으로 가던 중 예조판서가 되었고, 좌참찬으로 옮겼다. 한때 오도일吳道一을 두둔한다는 이유로 영의정 신완申琓 등으로부터 비난을 받기도 하였다. 우빈객 · 한성판윤을 거쳐 1706년 판의금부사 · 병조판서가 되었다. 이듬해 내의원제조를 맡고 있을 때 최석정崔錫鼎 · 서종태徐宗泰의 분란에 휩쓸려 파직당하고, 유득일兪得一 · 정호鄭澔의 공격을 받아 삭탈관직 당하였다. 후에 풀려나 판돈녕부사로 복직하였고, 1711년 예조판서를 거쳐 우의정에 승진하였다. 호포법이 논의될 때 명분을 유지함으로써 사회를 안정시켜야 한다는 뜻에서 사대부에 대한 군포軍布 징수를 반대하였다. 정승으로 있을 때 당쟁의 폐단을 없애려고 노력하였으며, 1717년 판중추부사로 있을 때 세자 대리청정의 왕명이 내리자 이를 반대하는 소를 올리기도 하였다. 그는 원래 노론 계통의 인물이었으나, 만년에는 남구만 · 최석정 등과 함께 온건한 소론으로 정치활동을 하였다. 오랜 기간 관직에 있으면서 조세제도 · 형사제도 · 예론을 비롯한 국정전반에 걸쳐 정책 건의를 많이 하였다.

글씨를 잘 써서 장렬왕후莊烈王后의 옥책문을 쓰는 데 선발되었고, 충현서원忠賢書院의 사적비 등을 남겼다. 글씨와 그림을 잘 했다. 손자 조구명趙龜命이 『동강서첩東岡書帖』에서 기록하기를,

> 무릇 우리 집의 글씨를 배우는 자는 반드시 재주가 두루 통하고 기운이 완전하고 마음이 바른 연후에야 배울 수가 있다. 재주가 부족하면 고루한 데로 흐르고 기운이 불완전하면 시들시들해지고 마음이 바르지 못하면 삐둘어지기 쉽다. 처음에 구명이 윤흔尹昕(時晦)과 글씨를 배울 적에 시회時晦는 늘 고루함을 걱정하고 구명은 시들어짐을 근심하였으니 이것은 똑같은 잘못으로서 마침내 성취한 바가 없게 되었다. 옛날에 모시고 있을 때에 한마디 말씀으로 칭찬하시기를, '내 글씨는 능히 구부렸다 폘쳤다 할 수 없거늘 그런데 너희들은 능히 구부렸다 펼쳤다 하는구나!' 라고 하셨으니 아! 능히 구부렸다 펼쳤다 하지 못한다고 하신 것이 바로 우리가 미치지 못하는 경지이다. 대저 그 손대는 점점 새로워지는데 기침해 깨우쳐 주시던 소리는 날마다 멀어만 가니 소자가 이에 세 번 되풀이하면서 눈물을 흘리노라.

라고 하였다.

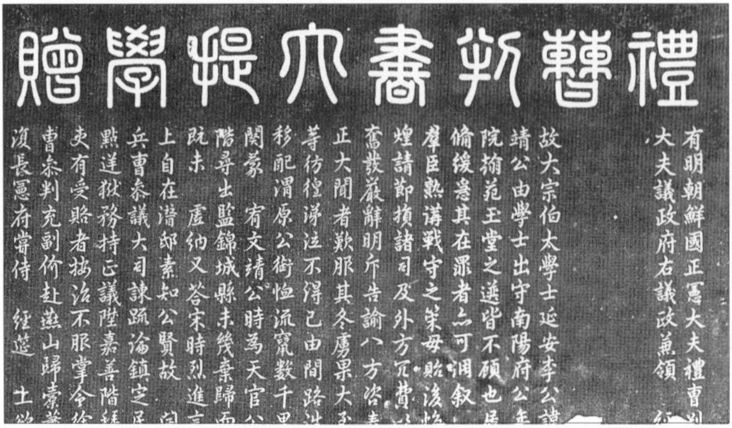

조상우의 글씨 「이일상 신도비」에서

영지동비

「영지동」

조상우의 글씨,
「유철 시비」에서

조상우의 글씨, 「능원대군 신도비」에서

조상우의 글씨 가운데 남양주에서 접할 수 있는 능원대군 신도비는 송설체松雪體를 근간으로 하여 단아하고 짜임새있는 서풍書風을 구사하였으며, 중간중간 적절하게 속도감있는 글씨를 가미하여 변화를 꾀

하고 있다. 파임이 조맹부趙孟頫 글씨에 비하여 경직된 느낌이 든다. 비갈碑碣을 세우고자 하는 자들이 모두 조상우의 글씨를 얻는 것을 영광스럽게 여겼다.

남평의 용강사龍岡祠에 제향되었으며, 시호는 효헌孝憲이다. 묘는 남양주 진건읍 송능리에 있다. 작품으로는 남양주 능원대군綾原大君 이보李俌 신도비, 조맹趙孟 묘비명, 유철兪撤 시비, 윤천뢰尹天賚 신도비, 영지동靈芝洞 비, 산고수장山高水長 비, 양주 홍처양洪處亮 묘갈, 가평 이일삼李日三 신도비, 성남 이영신李榮臣 묘갈, 회덕 충현서원忠賢書院 사적비, 충주 조형趙珩 비, 대전 김익후金益煦 묘표, 시흥 강징姜澂 신도비 등이 있다.

참고문헌

『해동호보』;『근역서회징』;『청북서화가명자호보』;『동강서첩』;『현종실록』;『숙종실록』;『국조방목』;『국조인물고』;『연려실기술』;『조선인명사서』, 1937 ;『한국인명대사전』, 신구문화사, 1976 ; 한국정신문화연구원,『한국민족문화대백과사전』17, 1991.

[http://남양주타임즈 2010.5.19]

김수항金壽恒

1629(인조 7)~1689.4.9(숙종 15)

김수항의 묘 ⓒ임병규

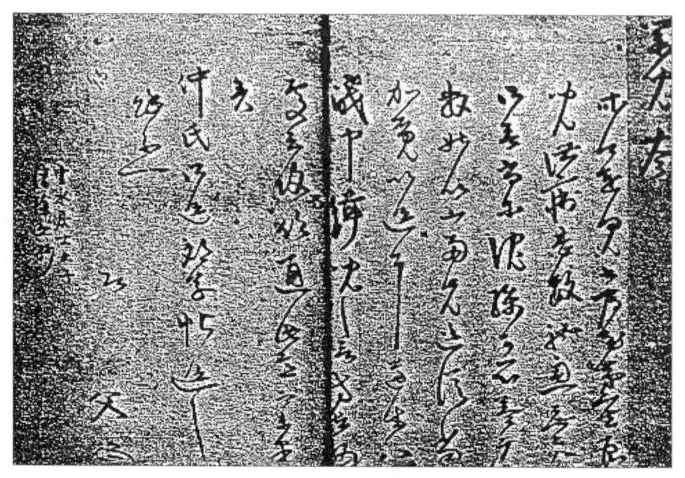

김수항의 글씨

조선 후기 문신으로 자는 구지久之, 호는 문곡文谷, 본관은 안동이다. 할아버지는 좌의정을 지낸 김상헌金尙憲이고, 아버지는 동지중추부사 김광찬이다.

1646년(인조 24) 반시泮試에 수석하고, 진사시에 장원을 했으며, 1651년(효종 2) 알성문과에 장원급제하여, 성균관 전적이 되었다. 이어 병조좌랑 · 사서 · 경기도사 · 지평 · 정언을 거쳐, 1653년 동지사의 서장관으로 청에 다녀왔다. 그 해에 정시에 5등으로 합격하여 효종孝宗으로부터 말을 하사받았으며, 이듬해 홍문관 부수찬 · 교리를 거쳐 이조정랑이 되었고, 중학 · 한학교수를 겸하였다. 1655년 사가독서賜暇讀書하고 수찬이 되었다가, 응교 · 사간 · 보덕을 지냈으며, 1656년 중시에

서 을과로 급제하여, 형조참의 · 승지 · 부제학을 지냈다. 1659년(현종 즉위) 효종릉비의 전서篆書를 쓴 공로로 가선대부에 오르고, 도승지 · 예조참판 · 이조참판을 지냈다. 1662년 왕의 특명으로 예조판서에 발탁되었다. 그 뒤 육조의 판서를 두루 거쳤고, 특히 이조판서로 있으면서 명사들을 조정에 선임하는 데 힘썼다. 1672년 44세의 나이로 우의정에 발탁되고, 이어 좌의정에 승진하여 세자부를 겸하였다. 그러나 서인 송시열 등이 왕의 경원을 받고 물러남을 본 뒤 남인 재상 허적許積을 탄핵한 대간을 힘써 변호하다가 도리어 판중추부사로 물러났으며, 사은사謝恩使로서 청에 다녀왔다.

1674년 갑인예송에서 서인이 패하여 영의정이던 형 김수홍金壽興이 쫓겨나자, 그 대신 좌의정으로 다시 임명되었다. 숙종 즉위 후 허적許積 · 윤휴尹鑴를 배척하고 종실 복창군福昌君 이정李楨과 복선군福善君 이남李柟 형제의 추문을 들어 그 처벌을 주장하다가 집권파인 남인의 미움을 받아 영암에 유배되고 1678년(숙종 4) 철원으로 이배되었다. 1680년 이른바 경신대출척庚申大黜陟이 일어나 남인들이 실각하자 복귀되어 다시 영의정이 되어 남인의 죄를 다스리는 한편, 송시열 · 박세채朴世采 등을 불러들였다. 이후 8년 동안 영의정으로 있다가 1687년 영돈녕부사로 체임되었고, 1689년 태조어용을 전주에 모셔놓고 돌아오는 길에 기사환국이 일어나 남인이 재집권함으로써, 남인 명사를 남살하였다는 장령 김방걸金邦杰 등의 탄핵을 받고 진도로 유배, 위리안치되었다. 뒤이어 예조판서 민암閔黯을 비롯한 6판서 · 참판 · 참의

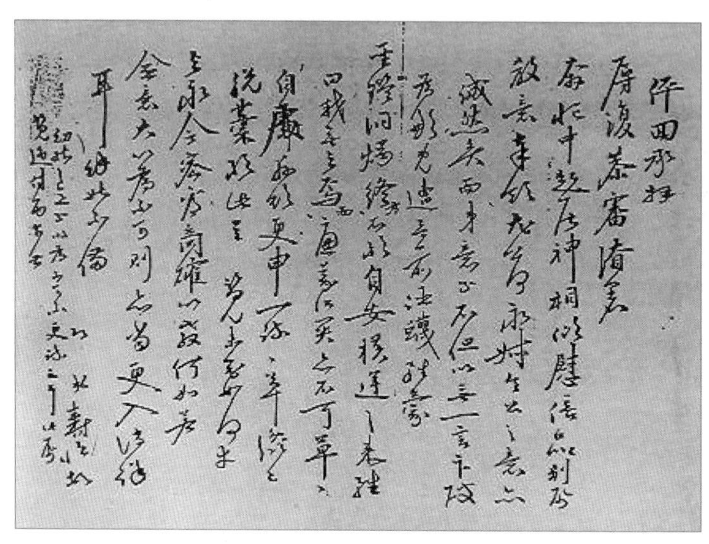

김수항의 편지

등 남인 경재卿宰 수십인의 공격과 사헌부 · 사간원의 합계合啓로 사사되었다. 이는 경신 이후의 남인 옥사를 다스림에 있어 그가 위관으로 있었고, 특히 소론의 반대에도 불구하고 남인 재상 오시수吳始壽를 처형하였기 때문에 입게 된 보복이다. 그는 절의로 이름 높던 김상헌의 손자로 가학家學을 계승하였고, 김장생金長生의 문인인 송시열 · 송준길과 교유하였다. 특히 송시열이 가장 아끼던 후배로 한때 사림의 종주로 추대되었다. 그러나 서인이 노론과 소론으로 분열할 때 송시열을 옹호하고 외척과 가까운 노론의 영수가 되었던 관계로, 소론 명류들로부터 배척을 받기도 하였다. 시문에 뛰어났고 그의 변려문은 당

김수항의 글씨, 「한덕급 신도비」전액에서

대의 제일인자로 손꼽혔으며, 가풍을 이은 필법이 단아하여 전서篆書와 해서楷書·초서草書에 모두 능하였으나 거의 찾을 수가 없다.

사후의 세평은 그가 조정에서 벼슬할 때 세 가지의 큰 절의를 세웠다고 찬양하였는데, 첫째는 남인의 역모를 꺾음으로써 기강을 유지하게 하였다는 것이다. 둘째는 소론이 이론異論 (남인에 대한 온건한 처벌주장을 말함)을 일삼아 흉당凶黨(남인)을 기쁘게 할 때에도 홀로 옳은 것을 지켰을 뿐 아니라 화를 당하면서도 후회하지 않았다는 것이다. 셋째는 윤증이 송시열에게 배사背師한 죄를 통렬히 배척하여 선비의 갈길을 밝혀 사문斯文에 도움을 주었다는 것이다. 이러한 세평은 물론 그가 속한 노론계의 주장이며, 반대로 소론 측에서는 그가 송시열과 사이의 사사로운 일을 임금에게 아뢰어 조정을 시끄럽게 만들었고, 이로 인하여 마침내 사림을 분열시켜 놓았다고 비난하였다. 1694년에 신원복관되었다. 1886년(고종 23)에는 현종 묘정에 배향되었고, 진도의 봉암사, 전남 영암 녹동서원鹿洞書院, 포천 옥병서원玉屛書院 등에 제향되었으며, 양주 석실서원石室書院, 전주의 호산사에 추가 제향되었다. 저서로는 『문곡집』이 있고, 시호는 문충文忠이다. 남양주 삼패동에 묘소와 묘비가 있다.

1659(현종 원년)년 효종의 능비의 전서를 쓴 후로 현종의 재위 15년간 좌의정에까지 올랐다.

작품은 전액으로 용인 정몽주鄭夢周 신도비, 파주 김덕함金德諴 신도비, 화성 한덕급韓德及 신도비, 광주 이정기李廷墍 신도비, 남양주 구인기具仁墍 신도비, 유황兪榥 신도비, 유철兪撤 신도비 및 시비, 민제인閔齊仁 신도비, 홍주국洪柱國 신도비, 김광욱金光煜 묘갈, 판돈녕 윤이지尹履之 비, 병판 박연朴筵 비, 형판 이수일履守一 비, 나급羅級 묘갈(해서체), 구리 나만갑羅萬甲 신도비, 파주 조감趙堪 묘갈 등이 있다.

참고문헌

『청북서화가명자호보』; 『근역서화징』; 『극조인물고』; 『효종실록』; 『현종실록』; 『숙종실록』; 『조선인명사서』; 『한국인명대사전』, 신구문화사, 1976 ; 한국정신문화연구원, 『한국민족문화대백과사전』 4 · 8, 199 1; 안동김씨대동보 간행위원회, 『안동김씨세보』, 1982.

[http://남양주타임즈 2010.5.22]

김수증金壽增

1624.4.14(인조 2)~1701.5.5(숙종 27)

조선 후기 문신으로 자는 연지延之, 호는 곡운谷雲, 본관은 안동이다. 할아버지는 청음 김상헌이며 영의정 김수흥金壽興과 김수항金壽恒이 동생이다.

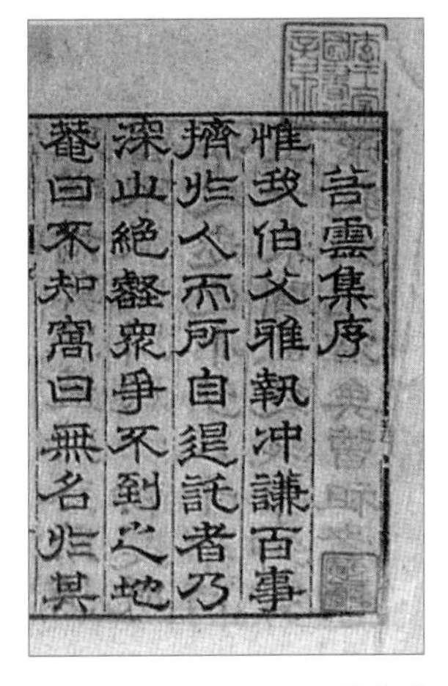

谷雲集序

惟我伯父雅執冲謙百事

擠此人而所自退託者乃

深山絕壑衆爭不到之地

菴曰不知窩曰無名此其

곡운집

1650년(효종 1) 생원시 2등으로 합격하고, 1652년에는 익위사세마가 되었다. 그 후 여러 고을의 수령과 형조정랑·공조정랑을 거쳐 각시各寺의 정正을 두루 역임하였다. 젊어서부터 산수를 좋아하여 금강산 등 여러 곳을 유람한 뒤 기행문을 남기기도 하였다. 1670년(현종 11)에는 지금의 강원도 화천군 사내면 영당동에 복거卜居할 땅을 마련하고 농수정사籠水精舍를 지었다. 그 뒤 1675년(숙종 1)에 성천부사로 있던 중, 동생 김수항金壽恒이 송시열宋時烈과 함께 유배되자 벼슬을 그만두고 춘천의 농수정사籠水

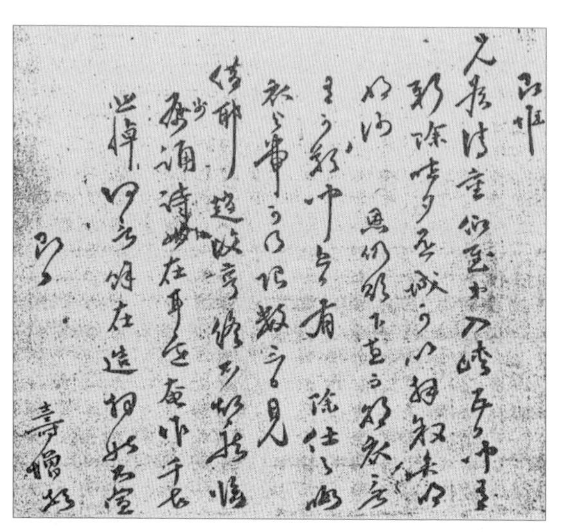

김수증의 글씨

精舍로 돌아갔다. 이때 주자朱子의 행적을 모방하여 그곳을 곡운谷雲이라 하고, 곡운구곡谷雲九曲을 경영하면서 화가인 조세걸曺世杰을 시켜 「곡운구곡도」를 그리게 하는 등 글씨와 그림에 관심을 기울였다. 1689년 기사환국으로 송시열과 동생 김수항金壽恒이 죽고, 이듬해 동생 김수흥金壽興도 유배지에서 사망하자 벼슬을 그만두고 화음동에 들어가 정사를 짓기 시작하였다. 그러나 1694년 갑술옥사甲戌獄事 후 다시 관직에 임명되어 한성부좌윤 · 공조참판 등에 제수되었으나, 모두 사퇴한 뒤 세상을 피해 화악산 골짜기로 들어가 은둔하였다.

이때 그는 성리학에 심취하여 북송北宋의 성리학자들과 주자朱子의

김수증의 글씨, 「정철 신도비」에서

성리서를 탐독하였다. 그 가운데에서 특히 소강절邵康節의 음양소식관陰陽消息觀을 정사의 조경에 응용하였다. 그리고 이와 같은 사상을 도상화圖象化하는 데 힘을 기울여, 주돈이周敦頤와 주자의 행적에 나타나는 「태극도太極圖」·「하도낙서河圖洛書」·「선후천팔괘도先後天八卦圖」 등을 정사의 경내에 있는 바위에 새겨 '인문석人文石'이라 하였다. 또한, 계곡에 있는 바위들에 천근석天根石·월굴암月窟巖 등 소강절邵康節의 사상시思想詩에 나오는 음양소식관을 담은 이름도 붙여 조경을 하였다. 이들의 유적은 지금도 남아 있어 성리사상이 건축에 미친 영향을 구체적으로 알려준다. 춘천의 춘수영당春睡影堂에 제향되었으

김수증의 글씨, 「석실서원묘정비」에서

며, 저서로는 『곡운집』이 있다. 남양주 삼패동에 묘역이 있다.

작품은 팔분八分과 전서篆書를 잘 썼으며, 문장과 역사와 서화를 취미로 하였으며, 공사간 금석에 두루 새겼다. 필법은 옛 것에 가까웠다. 작품으로는 남양주 김상헌金尙憲 묘갈, 김수항金壽恒 묘갈, 석실서원石室書院 묘정비, 김광혁金光爀 묘갈, 김좌명金佐明 신도비 전액, 유철兪撤 신도비, 김광찬金光燦 신도비, 유성증兪省曾 묘갈, 김번金璠 묘갈, 이제면李濟冕 묘갈, 김광위金光煒 묘갈이 있고, 강화 김상용金尙容 순의비, 파주 자운서원紫雲書院 묘정비, 단양 신맹경申孟慶 정려비, 홍주 김광현金光炫 비 및 묘표, 파주 이정악李挺岳 묘갈, 용인 정몽주鄭夢周 비, 공주

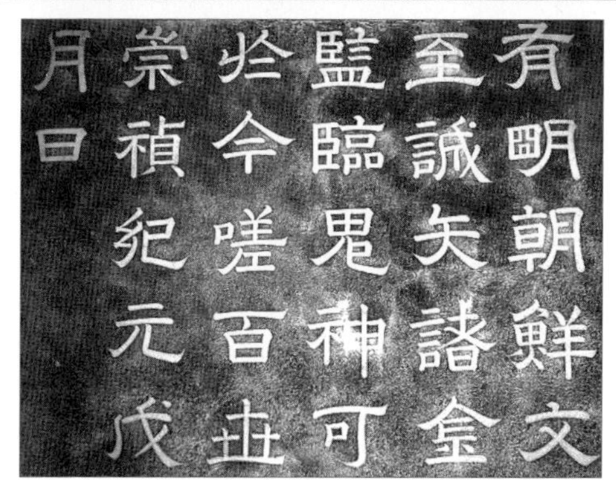

김수증의 글씨, 「김상헌 묘비」에서

송국전宋國銓 묘갈, 진천 정철鄭澈 비 및 묘표, 강서 김반金槃 묘갈, 영유 무후武候 묘정비, 안성 오두인吳斗寅 신도비 전액, 오정방吳定邦 묘갈 서 및 전액, 유명건兪命建 묘갈 집자, 양주 임윤석任允錫 묘갈 서 및 전액 등이 있다. 암각문은 금강산 만폭동에 '天下第一名山'이 있다.

참고문헌

『진단인물』;『해동호보』;『공사견문록』;『지촌집』;『해동금석총목』;『근역서화징』;『청북서화가명자호보』;『효종실록』;『숙종실록』;『국조인물고』;『국조인물지』;『조선인명사서』;『한국인명대사전』, 신구문화사, 1976 ; 한국정신문화연구원,『한국민족문화대백과사전』4, 1991 ; 안동김씨대동보 간행위원회,『안동김씨세보』, 1982.

[http://남양주타임즈 2010.5.28]

김진규金鎭圭

1658(효종 9)~1716(숙종42)

조선 후기 문관으로 자는 달보達甫, 호는 죽천竹泉, 본관은 광산光山이다. 숙종의 국구國舅 광산부원군光山府院君 영돈녕부사 김만기金萬基의 아들이다. 어머니는 청주 한씨淸州韓氏로 한유량韓有良의 딸이다. 숙종비 인경왕후仁敬王后가 누이동생이다.

송시열의 문인으로, 1682년(숙종 8) 진사시에 장원으로 합격하고, 1686년 정시문과에 갑과로 급제하였다. 이조좌랑 등을 역임하던 중 1689년 기사환국으로 남인이 집권하자 거제도로 유배되었다가 1694년 갑술옥사甲戌獄事로 서인이 재집권함에 따라 사헌부지평으로 기용되었다. 이후 노론과 소론의 대립이 깊어지자, 1695년 소론인 남구만南九萬윤에 의하여 척신戚臣으로서 월권행위가 많다는 탄핵을 받고 삭직되었다. 1699년 스승을 배반하였다는 명목으로 윤증尹拯 공박하였다. 1701년 성균관 대사성을 거쳐, 홍문관 부제학 · 대제학 · 예조판서 등을 역임하고, 1713년 강화유수에 임명되었다. 그 밖에도 세자빈객 · 이조참판 · 병조참판 · 공조판서 · 좌참찬 등의 요직을 역임하였

김진규의 글씨, 「이은상 신도비」 전서

다. 병조참판으로 재직중일 때 소론에 의하여 유배당했다가 2년 뒤 풀려났다.

문장에 뛰어나 국왕의 반교문頒教文, 교서教書, 서계書啓를 많이 작성하였다. 또 전서·예서 및 산수화·인물화에 능하여 신사임당의 그림이나 송시열의 글씨에 대한 해설을 남기기도 하였다. 정치적으로는 대표적인 노론 정객으로서, 스승인 송시열의 노선을 충실히 지켰다. 경남 거제의 반곡서원盤谷書院에 제향되었으며, 시호는 문청文淸이다. 영조가 1766년(영조 42) 치제하였으며, 1773년 문집 간행에 재물을 하사하고 서문을 친제親製하였다. 문집으로 『죽천집』, 편서로 『여문집성儷文集成』이 있다. 묘역은 남양주 진건읍 신월리에 소재해 있다.

문장에 뛰어 났으며 산수와 인물을 잘 그렸다. 화격이 매우 높아 채녀彩女와 수선水仙(물에 사는 신선)을 잘 그렸고, 공제 윤두서尹斗緖도 죽

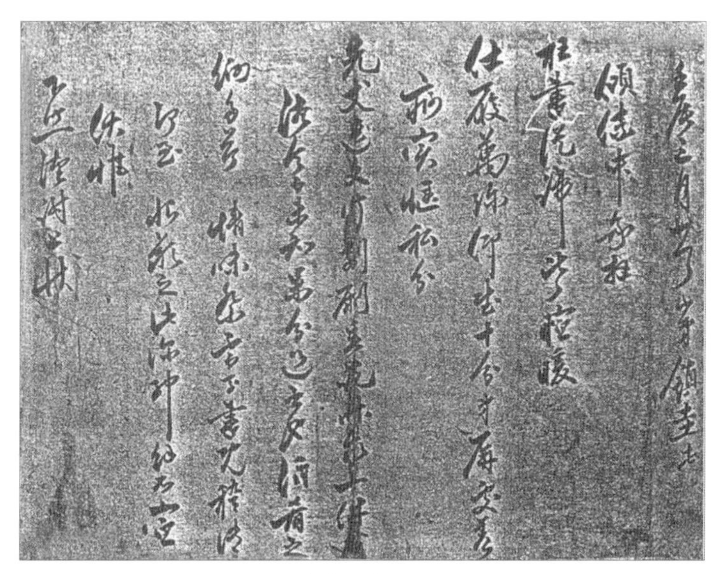

김진규의 글씨

천의 「채녀도彩女圖」는 선비 그림 가운데 제일이라는 평을 했다. 열성어제숙종대왕列聖御製肅宗大王의 글을 인용하면, "국구 광산부원군光山府院君(金萬基)의 둘째 아들이며 김진규의 그림은 중국의 이름난 화가 못지 않다. 우연히 김진규의 조카 김보택金普澤의 그림을 보았는데 화법의 우열을 가릴 수가 없었다. 선비는 전문화가가 아닌데, 이런 경지에 이른 것은 천재이다. 두 폭의 가리개에 제시題詩하기를

畵生餘事學丹靑　선비가 여줄가리로 일로 그림을 배워

才品超凡自爾成 재주가 보통사람보다 뛰어나 자연스레 이루어졌다.

相傳正似傳衣鉢 서로 전하는 것이 의발衣鉢을 전하는 것 같으니

難弟難兄並著名 누가 낫고 누가 못한가 두 이름 뚜렸하구나.

承題畵了九重呈 명령에 따라 그림을 그려 구중궁궐에 바치니

粧粘分明亦妙精 표구도 잘했고, 그림 또한 묘하게 되었구나

自愛眞如松雪樣 집상전 안에 가리개로 만들어 졌구나

김진규가 그린 「수묵선인도水墨仙人圖」에

紅洛雙圖昔已殿 홍낙쌍도릉 옛날에 보았다만

神仙日幅又何善 신선이 그림을 또 어찌 이다지도 잘 그렸나

書畵屛文宜謂能 글씨와 그림과 글이 모두 능한 지경에 이르렀으니

三才備具古來鮮 시 · 서 · 화 삼재가 구비되기는 옛날에도 어려운 일.

라고 하였다. 글씨는 획이 단정하고 굳세며 전서篆書와 예서隸書에 뛰어났다. 작품으로는 남양주 김수증金壽增 묘갈, 유철兪撤 시비, 광주 김만기金萬基 비, 파주 심의겸沈義謙 묘갈, 장단 윤계尹堦 비, 영동 송시술松時述 묘표, 용인 정몽주鄭夢周 신도비 추기追記, 강화 충렬왕비江華忠烈王碑, 증지평이령비贈持平李翎碑 등이 있다.

참고문헌

『동국문헌화가편』; 『진단인물』; 『연려실기술』; 『열성어제숙종대왕』; 『북헌집北軒集』; 『해동금석총목』; 『청북서화가명자호보』; 『근역서화징』; 『숙종실록』; 『영조실록』; 『국조문과방목』; 중추원, 『조선인명사서』, 1937; 『한국인명대사전』, 신구문화사, 1976; 한국정신문화연구원, 『한국민족문화대백과사전』 4, 1991.

[http://남양주타임즈 2010.5.31]

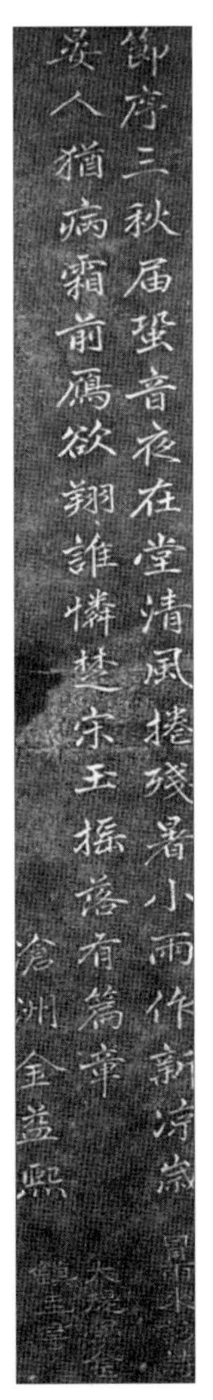

御府三秋届蛩音夜在堂清風捲殘暑小雨作新涼
美人猶病霜前鴈欲翔誰憐楚宋玉搖落有篇章
滄洲金益熙

김진규의 글씨, 「유철 시비」에서

류순柳洵

1441(세종 23)~1517(중종 12)

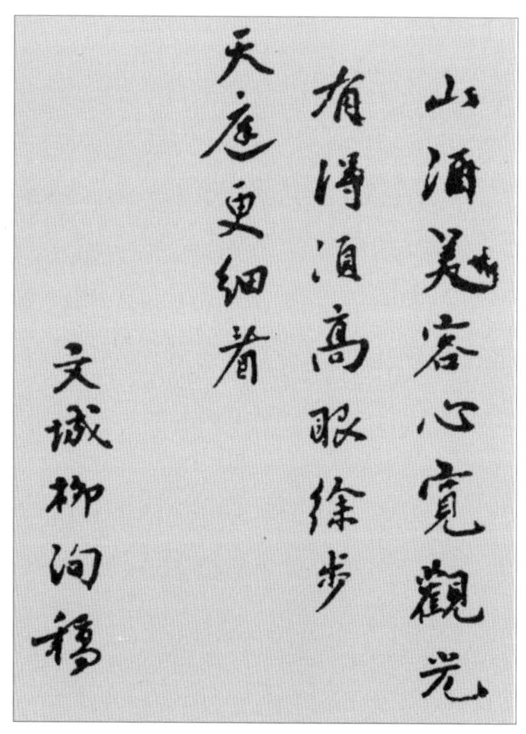

류순의 글씨, 「한국역대명인필적」에서

조선 전기 문신으로 자는 희명希明, 호는 노포당老圃堂, 본관은 문화文化이다. 세자익위사 세마 사공思恭의 아들이다. 어머니는 홍상직洪尙直의 딸이다. 시문에 능하여 "시수상詩首相"이라 칭하였다. 자학字學에 매우 정밀하였다.

어려서부터 독서를 좋아하고 일찍이 『금릉사金陵詞』를 지었는데, 그 의미가 장중하고 건실하여 널리 회자되었다. 19세에 사마시(생원)에 장원하고, 이어서 1461년(세조 7) 별시 문과에 급제하였다. 호조좌랑으로 있을 때인 1466년(세조 12) 3월의 문신중시文臣重試와 5월의 발영시拔英試에 연달아 급제하여 탄탄대로의 관로에 들어섰다. 성종成宗이 즉위하자 홍문관 부제학으로서 경연시강관으로 활약하였는데 특히 시문에 능하여 성종成宗의 존중을 받았다. 1484년(성종 15) 공조참판을 거쳐 사헌부 대사헌이 되어 오랫동안 백관을 규찰하는데 힘쓰고, 형조참판이 되었다. 1487년 천추사千秋使로서 명에 다녀온 뒤 동지중추부사 · 형조참판 · 공조참판 · 병조참판을 두루 역임하고, 다시 대사헌에 제수되었다. 그 뒤 개성유수를 거쳐 공조판서에 승진하였다. 성종이 죽자 산릉도감제조山陵都監提調로서 왕릉 축조를 감독하였고, 연산군 초 형조판서로 전임하여 지춘추관사知春秋館事 · 동지경연사同知經筵事를 겸임하였다. 이어 이조판서를 지내고, 1498년(연산군 4)에 한성부판윤이 되고, 이듬해에 다시 형조판서가 되었다. 이때 조정에서 압록강 연안에 노략질을 일삼는 야인정벌 계획을 추진하자 신수근愼守勤과 함께 시기가 적절치 못함을 주장하여 중단시켰다. 그 뒤 좌참찬 · 호조판서를 역임하였다. 1502년에는 시문에 능한 10인에 선발되어 시수상詩首相이라는 칭찬을 듣기도 하였다. 연산군燕山君의 폭정이 날로 심해지자 관직을 사직하려 하였으나 허락받지 못하고, 우의정 · 좌의정을 거쳐 1505년 65세의 나이에 영의정에 올랐다. 그 이듬해에 박원종朴元宗 · 성희안成希顔 · 유순정柳順汀 등이 중종반정中宗反正을 단행하자, 그는 수상으로서 정국공신靖國功臣 2등에 녹훈되고, 문성부원군文城府院君에 봉해졌다. 그러나 실제로는 반정反正에 거의 관여하지 않았기 때문에 누차 훈공을 사양하였지만 허락받지 못하였다. 그 후 대간으로부터 연산군대의 총신寵臣이었다는 탄핵을 받자 관직을 극구 사양하여 물러났다. 1514년(중종 9)에 다시금 영의정을 제수받아 국정을 총괄하다가 3년 뒤 77세로 죽었다. 자학字學에 매우 정밀하고 의학 · 지리학에도 조예가 깊었다. 시호는 문희文僖이다. 묘는 남양주 진접읍 팔야리에 있다.

참고문헌

『국조인물고』; 『해동명신록』; 『성종실록』; 『연산군일기』; 『중종실록』; 『국조문과방목』; 『연려실기술』; 『조선인명사서』, 『한국인명대사전』, 신구문화사, 1976 ; 한국정신문화연구원, 『한국민족문화대백과사전』 17, 1991.

[http://남양주타임즈 2010.6.5]

남재南在

1351(충정왕 3)~1419(세종 1)

남재의 묘 ⓒ윤종일

조선 초기 개국공신開國功臣으로 초명은 겸謙, 자는 경지敬之, 호는 구정龜亭, 본관은 의령이다. 검교시중檢校侍中 남을번南乙番의 아들이며, 남은南誾의 형이다.

1371년(공민왕 20) 진사시에 제5등으로 합격하였다. 아우 남은南誾과 함께 이성계李成桂의 세력에 가담하여 고려 조정의 신진사류로서 구세력과 대립하였다. 1389년(공양왕 즉위) 우사의右司儀가 되고, 1390년 판전교시사 겸 집의判典校寺事兼執義가 되어 이성계李成桂가 위화도에서 회군하자 윤소종尹紹宗과 함께 비록 행군에는 참여하지 않았으나, 사직社稷의 대계大計를 의논하고 그 계책을 도왔다. 그 공으로 회군공신回軍功臣에 봉하여지고, 곧 철원부사로 나갔다가 염문계정사廉問計定使로서 양광도楊廣道로 파견되어 민정을 살폈다. 조선이 개국되자 개국공신 1등에 녹훈되고 전지田地 170결結과 노비 20구를 하사받았다. 1393년(태조 2) 주문사奏聞使가 되어 명明나라에 가서 사이가 좋지 않던 조선과의 관계를 개선하여 명 태조로부터 3년에 한 차례씩 조공할 것을 허락받았다. 그 공으로 판중추원사判中樞院事가 되고, 그 다음 해에 참찬문하부사參贊門下府事가 되었다. 1395년 아버지의 상을 당하여 은거하니, 동생 남은南誾과 함께 기복起復되어 삼사좌복야三司左僕射에 임용되고, 노비변정도감奴婢辨正都監의 판사를 맡았다. 1396년 예문관춘추관태학사藝文館春秋館太學士로서 도병마사가 되어 도통처치사都統處置使 김사형金士衡을 따라서 이키도壹岐島 · 대마도對馬島를 정벌하였다. 1398년 정당문학政堂文學이 되어 정안군이 왕위에 오르는

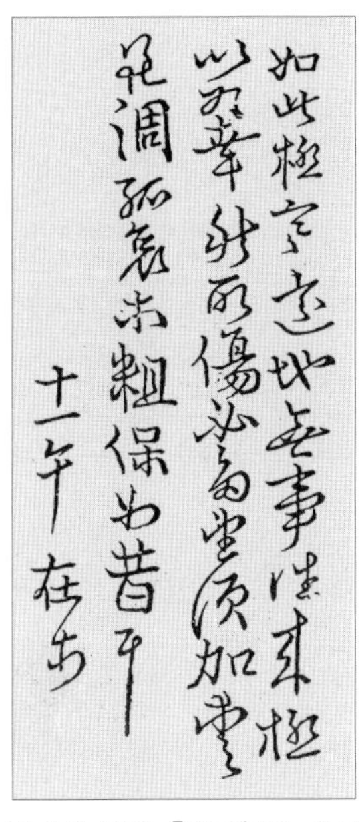

남재의 글씨, 「명가필보」에서

데 큰 공을 세웠다. 태종太宗이 즉위하자 세자의 서연관書筵官에 빈객賓客이 되었다. 1403년(태종 3) 경상도 관찰사가 되어 시무를 조정에 보고하니 그대로 시행하였고, 1404년 찬성사贊成事에 임명되었다. 1408년 대사헌이 되었다가, 1414년 우의정 · 의령부원군宜寧府院君에 제배除拜되고, 감춘추관사監春秋館事로서 과거를 관장하여 권도權蹈 · 성개成漑 등을 시취試取하였고, 또 하륜河崙과 함께 『고려사』를 개수하였다. 그 해에 좌의정에 임명되었다가 1415년 좌의정에서 물러나고 수문전대제학겸 세자부修文殿大提學兼世子傅가 되었다. 1416년 영의정에 임명되었다가 사면하였다. 1419년(세종 1) 12월 14일에 죽으니, 나라에서 조회朝會와 저자를 정지하고 부의를 내리고 세종世宗이 직접 조문하였다.

성품이 활달하고 도량이 넓었으며, 마음가짐을 지극히 삼가면서도 바깥 형식에 거리낌이 없었다. 문장이 평정平正하고 아름다웠으며, 산술에 두루 통하여 누구도 풀 수 없는 것을 풀어내었으므로, 세상에서 그를 '남산南算'이라고 불렀다. 태조太祖의 묘정廟庭에 추가 배향되었다.

저서로는 『구정유고龜亭遺稿』가 있다. 묘지는 남양주 별내면 화접리 주을곡에 있으며, 신도비도 남아 있다.

참고문헌

『약촌집』; 『고려사』; 『태조실록』; 『태종실록』; 『세종실록』; 『국조인물고』; 『연려실기술』; 『약천집』; 한국정신문화연구원, 『한국민족문화대백과사전』 5, 1991 ; 양주군지편찬위원회, 『양주군지』 하, 1992.

[http://남양주타임즈 2010.6.9]

박황朴潢

1597(선조 30)~1648(인조 26)

조선 중기 문신으로 자는 덕우德雨, 호는 나옹懦翁 · 나헌懦軒, 본관은 반남潘南이다. 관찰사 박동설朴東說의 아들로서, 선조의 국구 반성부원군潘城府院君의 박응순朴應順의 아들이었던 사복시정司僕寺正 박동언朴東彦에게 입후되었다.

1621년(광해군 13) 정시문과에 병과로 급제하였고, 1624년부터 예문관검열 · 세자시강원설서世子侍講院說書 · 홍문관부정자를 거쳐 사간원 대사간 · 이조참의를 역임하였다. 1636년(인조 14) 병자호란丙子胡亂이 일어나자 왕을 따라 남한산성南漢山城으로 들어갔다. 이듬해 청이 화의에 반대한 척화신斥和臣 17인의 압송을 요구하자, 그는 "일대의 명사들을 모조리 호구虎口에 보낼 수 없다. 한두 사람만 보내자."고 주장하여 15인은 무사할 수 있었다. 볼모로 가는 소현세자昭顯世子를 모시고 심양瀋陽에 갔다가 돌아와, 1638년 병조참판이 되고 이어 대사헌에 임명되었다. 그때 김상헌金尙憲 · 정온鄭蘊 등을 모함하는 자가 있으므로, 이의 부당함을 주장하다가 사직하였다. 곧 사간원 대사간에 등용

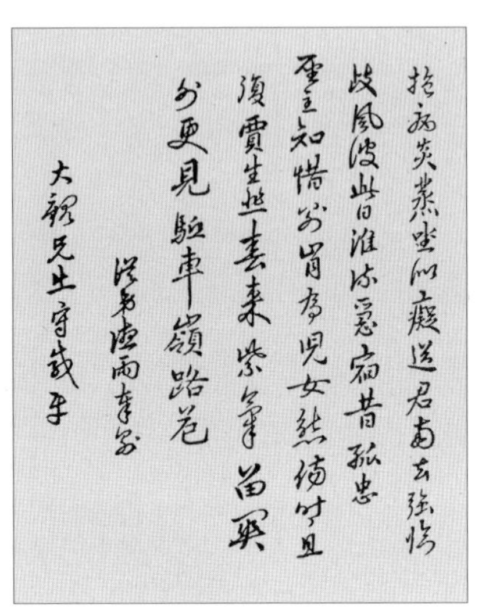

박황의 글씨, 「근묵」에서

되고 다시 심양에 불려갔다가 돌아와 대사헌에 임명되었다. 1644년 심기원沈器遠의 역모에 연루되어 김해에 유배되었다가 곧 풀려나 전주부윤을 지냈다. 묘는 남양주 일패동에 있다.

참고문헌

『청북서화가명자호보』;『인조실록』;『연려실기술』;『국조문과방목』;『조선인명사서』;『한국인명대사전』, 신구문화사, 1976 ; 한국정신문화연구원, 『한국민족문화대백과사전』 9, 1991.

[http://남양주타임즈 2010.6.12]

이유원李裕元

1814(순조 14)~1888(고종 25)

이유원의 묘 ⓒ임병규

조선 후기 문신으로 자는 경춘京春, 호는 귤산橘山·묵농黙農, 본관은 경주慶州이다. 이항복李恒福의 9세 손이며 이조판서 이계조李啓朝의 아들이다. 세간에서는 가곡대신嘉谷大臣·가오실대감嘉梧室大監으로 불렸다.

1841년(헌종 7) 정시문과에 병과로 급제한 후 예문관검열·규장각대교를 거쳐 1845년 동지사의 서장관書狀官으로 청에 다녀왔으며 의주부윤과 함경도 관찰사를 지냈다. 철종哲宗 연간의 안동 김씨 세도정치 시대에 승진을 계속하여 고종高宗 초 좌의정에 이르렀으나 대원군大院君이 집권하자 1865년(고종 2) 수원유수로 좌천되었다. 그 해 말 다시 영중추부사로 전임되어 정조正祖 때 편찬된 법전인 『대전통편大典通編』을 저본으로 하고 정조 이후 90년간의 왕의 교명敎命과 규칙 및 격식을 보충 수록한 『대전회통大典會通』을 편찬하는 총재관이 되었다. 1867년 그의 선조宣祖와 방계 여러 권속의 지장誌狀과 기타 전래하는 기록 등을 수록한 『경주이씨금석록慶州李氏金石錄』을 편찬하였다.

대원군의 집권하에서도 세자(후의 순종) 책봉문제로 일본의 하나부사花房義質와 결탁하여 주청일본공사駐淸日本公使를 통하여 청나라에 영향력을 행사하는 등 명성황후明成皇后의 신임을 받고 있었으며 사대외교 등 대청 관계 때문에 1873년 대원군이 실각하자 영의정이 되었다. 이후 대원군과 반목하였으며 1875년 주청사奏請使의 정사正使로 청나라에 가서 이홍장李鴻章과 세자 책봉문제를 논의하였다. 1879년 영의정으로 있으면서 청나라의 북양대신北洋大臣으로 외교의 실권

이유원의 글씨, 「청가탁아영」에서

을 장악하고 있는 이홍장李鴻章으로부터 영국 · 프랑스 · 독일 · 미국 등 구미제국과 수호 통상하여 일본의 진출과 러시아의 남하를 견제하라는 권유를 받고 개항을 주장하였다. 1880년 조선시대 전직 관료들을 예우하는 호칭인 봉조하奉朝賀에 임명되자 그의 개화를 반대하는 유생 신섭申櫶의 상소로 거제도에 유배되었다가 곧 방면되었다. 1882년 임오군란壬午軍亂 후 일본과 제물포조약이 체결될 때 전권대사全權大使로 공조참판 김홍집金弘集을 전권부사로 하여 일본 대표인 변리공사辨理公使 하나부사花房義質와 제물포 가관假館에서 담판하였다. 그러나 원래 대청 외교만을 전담하고 70여 세의 고령으로 일본의 강압적인 압력에 무력하게 대처한 결과 하나부사의 주장대로 일본공사관을

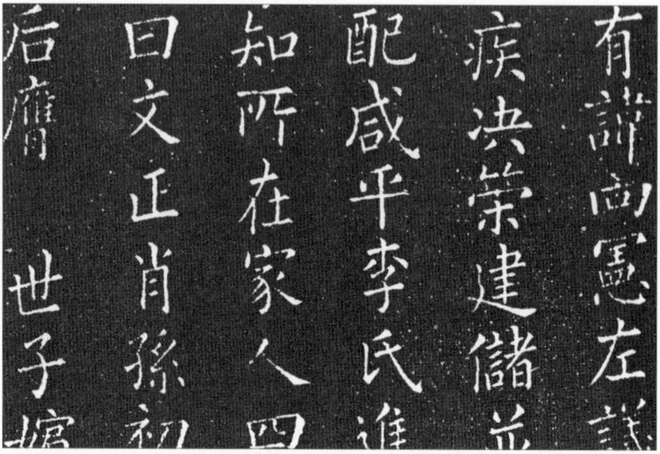

이유원의 글씨, 양주 「권율 신도비」에서

이유원의 글씨, 「이석규 묘갈」에서

이유원의 글씨, 「이유원 자찬 묘갈명」에서

경비한다는 명목으로 서울에 일본군의 주둔을 허락하는 굴욕적인 내용 등을 포함한 6개 조목과 수호조규속약修好條規續約 2개 조항에 조인하였다.

『경수당집警修堂集』은 순조대 시서화詩書畵 삼절三絶인 자하紫霞 신위申緯의 시집으로 여기에 있는 귤산橘山에 대한 시를 옮어보면

귤산 이유원이 진사때 자하신위에게 한예漢隷로 쓴 「예사양연산방睿賜養硯山房:세자가 하사하신 영연산방」이란 여섯 자로 된 액자를 기증하니 시로서 고마움을 표시하니

이유원의 그림, 「씨름도」(1831년작)

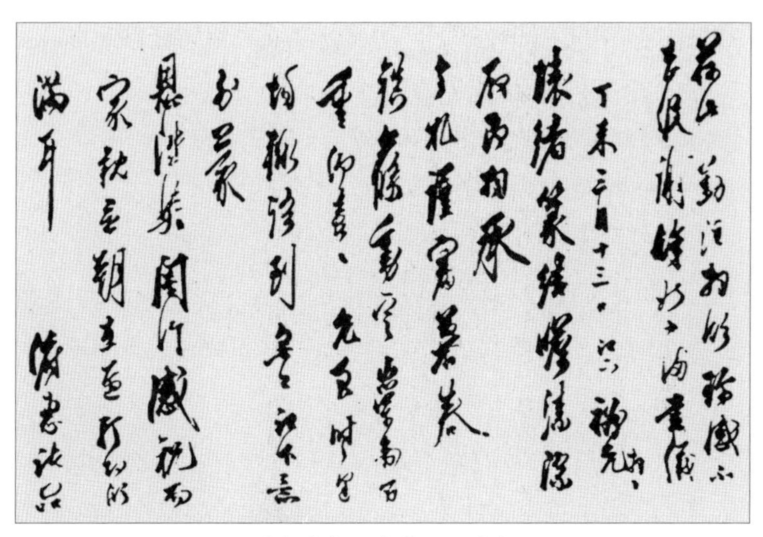

이유원의 글씨, 「근묵」에서

如僧退院掩山房 마치 중이 절에서 물러나 산방의 문을 건 것 같으니

年少才名不可當 젊은 사람의 재주있는 이름 당해 낼 수가 없구나

一瓣香拈蘇學士 일판향은 소소학사의 법을 따랐고

濃堆墨古蔡中郎 진한 먹의 글씨는 꼭 채옹蔡邕을 닮았구나

碧蘆已具江湖想 벽로방碧蘆舫에는 이미 저 강호생각이 무르녹았으니

小雨仍添舫閣涼 솔솔 내리는 비 뱃집의 서늘함을 더해 주는 구나

謬以通家尊世講 두 집 사이에 여러 대를 사귀어온 의리 때문에

衝泥多謝歷街場 비 오는 날 질척한 길에 멀리 찾아 준 것이 너무 감사하여라.

저서로는 『임하필기林下筆記』, 『가오고략嘉梧藁略』, 『귤산문고橘山文稿』 등이 있으며 시호는 문충文忠이다. 묘와 신도비가 화도읍 가곡리에 있다. 박학하여 외교문서와 예서隷書에 뛰어나 연경燕京에 갔을 때 청 조정에서도 그의 문장과 글씨를 높이 평가하였다. 작품으로는 남양주 이석규李錫奎 묘갈, 이유원李裕元 자찬 묘갈, 양주 권율權慄 신도비의 서와 전액, 권철權轍 신도비 전액이 있다. 암각문으로는 화도읍 가곡리 자연석 「가오복지嘉梧福地」, 「귤산」, 「제삼폭포」, 「청가탁아영」 등이 있고, 그림으로는 「씨름도(1831년)」가 있다.

참고문헌

『고종실록』; 『일성록』; 『청음사』; 『매천야록』; 『대한계년사』; 『이유원수장비』; 『한국인명대사전』, 신구문화사, 1976 ; 이홍직, 『한국사대사전』, 교육도서, 1990 ; 한국정신문화연구원, 『한국민족문화대백과사전』 18, 1991 ; 양주군지편찬위원회, 『양주군지』 하, 1992.

[http://남양주타임즈 2010.6.18]

정선鄭敾

1676(숙종2)~1759(영조 35)

조선 후기 화가畵家로 자는 원백元伯, 호는 겸재·난곡蘭谷, 본관은 광주光州이다. 양반 가문이지만 몇 대에 걸쳐 과거를 통하여 출사出仕하지 못한 한미한 집안에서 태어나 13세에 아버지를 여의고 어머니 슬하에서 자랐다. 어려서부터 그림 재주가 뛰어나 김창집金昌集의 도움으로 도화서圖畵署의 화원畵員이 되었으며, 1756년에는 화가로서는 파격적인 종2품인 가선대부 지중추부사知中樞府事에 올랐다.

어려서부터 그림에 뛰어났고, 처음에는 중국 남화南畵에서 출발하였으나 30세를 전후하여 조선 산수화山水畵의 독자적 특징을 살린 사생寫生의 진경화眞景畵로 전환하였으며 여행을 즐겨 전국의 명승을 찾아다니면서 그림을 그렸다.

심사정沈師正·조영석趙榮祏과 함께 삼재三齋로 불리었다. 강한 농담濃淡의 대조 위에 청색을 주조로 하여 암벽의 면과 질감을 나타낸 새로운 경지를 개척하였으나 후계자가 없어 그의 화풍畵風은 단절되었다. 문재文才가 없었으므로 다만 서명과 한두 개의 낙관만이 화폭의

겸재 정선의 그림, 「석실서원」(견본담채, 23×29.2㎝)

구석에 있을 뿐 화제畵題가 없다.

조선 후기 회화의 경향은 종전의 사의화寫意畵에서 벗어나 진경화眞景畵, 시작詩作은 진경시眞景詩, 서書는 동국진제東國眞体로 흐르게 되었다. 이 운동은 석실서원石室書院에서 농암 김창협金昌協과 삼연 김창흡金昌翕 형제에 의해서 주도되었다. 이때 배출된 제자가 진경산수眞景山水의 정선과 진경시의 대가 사천莎川 이병연李秉淵이다. 겸재와 사천의 폭넓은 교류를 통하여 우리나라의 자연을 다룬 소재로 그림을 그렸고, 기행시紀行詩로 향토의 아름다움을 담아내었다.

저서에 『도설경해圖說經解』가 있고 그림 작품으로는 「입암도立巖圖」

겸재 정선의 그림, 「삼주삼산각」(견본담채, 23×29.2㎝)

·「여산초당도廬山草堂圖」·「여산폭포도廬山瀑布圖」·「노송영지老松靈芝」 등이 있다. 많은 작품 가운데 남양주와 관련된 작품으로는 「석실서원石室書院」·「삼주삼산각三洲三山閣」이 있다.

참고문헌

『경교명승첩』;『근역서화징』;『청북서화가명자호보』.

[http://남양주타임즈 2010.6.24]

남병철南秉哲

1817(순조 17)~1863(철종 14)

남병철의 글씨, 이천 「김조순 신도비」에서

조선 후기 문신 · 천문학자 · 수학자로 자는 자명字明 · 원명元明, 호는 규재圭齋 · 강설絳雪 · 구당鷗堂 · 계당桂堂, 본관은 의령宜寧이다. 남유상南有常의 증손이고, 판관 남구순南久淳의 아들로, 철종哲宗의 장인 김문근金汶根의 외질이며, 남병길南秉吉의 형이다.

1837년(헌종 3) 정시문과 병과에 합격하였다. 김문근金汶根의 총애를 받았으며, 박학다식하고 문장에 능하였을 뿐 아니라 수학에 뛰어나 수륜지구의水輪地球儀와 사시의四時儀를 제작하였다. 1851년(철종 2)에 승지가 되고 이어서 예조판서 · 대제학에 올랐으며, 관상감제조도 겸하였다. 철종哲宗의 총애를 받았으며 안동 김씨의 세도정치에 분격하여, 그 일파를 눌러보았으나 도리어 그들에게 억압당하여 나중에는 글씨와 그림 및 성색聲色으로 소일하고 지냈다. 저서로는 『해경세초해海鏡細草解』 · 『의기집설義器輯說』 · 『성요星要』 · 『추보속해推步俗解』 · 『규재집圭齋集』 등이 있다. 시호는 문정文貞이다. 묘지는 별내면 청학리에 소재하고 있으며, 신도비도 남아 있다. 작품으로는 이천 김조순金祖淳 신도비의 서書와 전篆이 있다.

참고문헌

『청북서화가명자호보』; 『철종실록』; 『조선정감朝鮮政鑑』; 한국정신문화연구원, 『한국민족문화대백과사전』 5, 1991 ; 양주군지편찬위원회, 『양주군지』 하, 1992.

[http://남양주타임즈 2010.7.3]

김문순金文淳

1744(영조 20)~1811(순조 11)

조선 후기 문신으로 자는 재인在人, 본관은 안동安東이다. 김이신金履信의 아들로 영의정 김창집金昌集이 고조부이다.

1767년(영조 43) 정시문과에 장원급제하여 사간원정언이 되었으며, 이듬해 겸문학이 된 뒤 홍문관교리 · 지평 · 문학 · 사서를 거쳐 1773년 당상관에 승진하여 승지가 되었다. 1779년(정조 3) 사간원의 대사간이 되었으며 좌승지 · 이조참판 · 대사헌을 거쳐 1782년 다시 이조참판에 제수되었다. 노론인 그는 남인인 지중추부사 채제공蔡濟恭의 죄과를 논하여 유배시킬 것을 주장하다가 파직되었다. 그러나 곧 다시 등용되어 충청도 관찰사가 되고 1784년 동지경연사에 이어 공조참판이 되었으나 채제공과 뜻이 맞지 않아 탄핵을 당한 후 파직되었다. 1789년 온성부사 · 이조참판에 이어 형조판서가 되었다. 이듬해 강화옥수獄囚의 처결을 지체하였다는 이유로 파직되었다가 곧 예조판서로 기용되어 다시 형조판서를 거쳐 한성판윤이 되었다. 1791년 평시서제조가 되었으며 다음해에 이조판서 · 예조판서를 거쳐 재차 형조판서

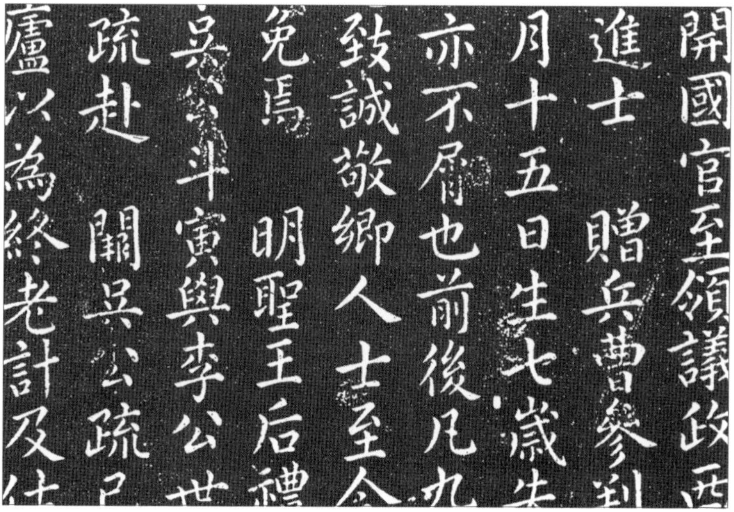

김문순의 글씨, 시흥 「한덕량 묘갈」에서

에 임명되었다. 당시에 평택현감 이승훈李承薰이 천주교인으로서 향교鄕校의 문묘文廟에 제사지낼 때 무릎을 꿇지 않았다는 여론이 비등함에도 그를 처벌하지 않은 죄로 금갑도에 위리안치되었다가 곧 풀려나 한성판윤에 제수되고 이어서 선혜청제조와 판돈녕부사를 역임하였다. 1796년 경기도 관찰사를 지낸 뒤 1797년 동지 겸 사은정사로 청에 다녀왔다. 순조가 즉위한 1800년 원접사로 청나라의 사신을 맞이하고 1802년(순조 2) 평안도 관찰사에 제배되었다. 순조 즉위 후 순조의 장인 김조순金祖淳을 중심으로 김희순金羲淳 등과 함께 안동 김씨 세도의 중심인물이 되어 이후 60년간 김씨 세도정치의 기반을 확립하였다. 1804년 수원유수, 1806년 판의금부사에 이어 이조판서 · 선혜청당상 · 우참찬을 역임하였다.

묘역은 남양주 화도읍 마석우리에 있으며, 작품으로는 남양주 김수항金壽恒 묘갈, 시흥의 한덕량韓德亮 묘갈 등이 있다.

참고문헌

『영조실록』; 『정조실록』; 『순조실록』; 『국조문과방목』; 『한국인명대사전』; 한국정신문화연구원, 『한국민족문화대백과사전』 4, 1991 ; 안동김씨대동보 간행위원회, 『안동김씨세보』, 1982.

[http://남양주타임즈 2010.7.7]

김창국金昌國

1644(인조 22)~1717(숙종 43)

조선 후기 문신으로 자는 원계元桂, 본관은 안동安東이다. 좌의정 김상헌의 증손자이고, 동지중추부사 김광찬의 손자이며, 참판 김수증金壽增의 맏아들이다. 어머니는 완산 이씨로 판돈녕 이정영李正英의 딸이며, 판서 이경직李景稷의 손녀이다.

1666년(현종 7) 진사시에 합격하였다. 1681년(숙종 7)에 처음으로 벼슬길에 나아가 빙고별감이 되었고, 장악원 주부·첨정, 사도시주부, 의금부도사, 공조 좌랑·정랑, 익위사 익찬·익위, 상의원첨정을 역임하였다. 외직으로 나가 청양·금화·인제 현감과 양근·재령 군수, 성천부사, 강화부경력을 지냈다. 남양주 와부읍 덕소리에 묘역과 묘비가 있다. 작품으로는 남양주 김번金璠 묘갈의 전서, 유철兪撤 시비의 전서가 있다.

〈참고문헌〉

안동김씨대동보 간행위원회, 『안동김씨세보』, 1982.

김창국의 글씨,
「유철시비」에서

[http://남양주타임즈 2010.7.15]

김광욱金光煜

1580(선조 13)~1656(효종 7)

조선 후기 문신으로 자는 회이晦而, 호는 죽소竹所, 본관은 안동安東이다. 참판 김상준金尙寯의 아들로 판서에까지 벼슬에 올랐으며 문예文藝에도 뛰어났으며, 특히 글씨를 잘 썼다.

1606년(선조 39) 진사시에 제1등으로 합격하고, 그 해에 문과의 증광시에 병과丙科로 급제하여 승문원의 권지權知가 되었다. 이어 예문관 검열에 천거되어 관례에 따라 대교·봉교로 승진한 뒤, 그 후 병조좌랑·사간원정언·홍문관부수찬을 역임하였다. 1611년(광해군 3) 다시 정언이 되어, 이언적李彦迪과 이황李滉의 문묘종사文廟從祀에 반대주장을 편 정인홍鄭仁弘을 탄핵하였다. 1613년에는 계축옥사에 부친과 함께 연루되어 국문을 당했으나 곧 석방되었다. 1615년 폐모론에 반대하였다는 이유로 삭직되자 고양의 행주강가에 집을 짓고 은거에 들어갔다. 1623년 인조반정 직후 복관되어 고산찰방·고원군수·교서관판교·홍주목사 등을 거쳤다. 1633년(인조 11)에는 양서관향사兩西管餉士로 국가재정의 확충에 커다란 공을 세웠다. 1641년 황해도 관찰사

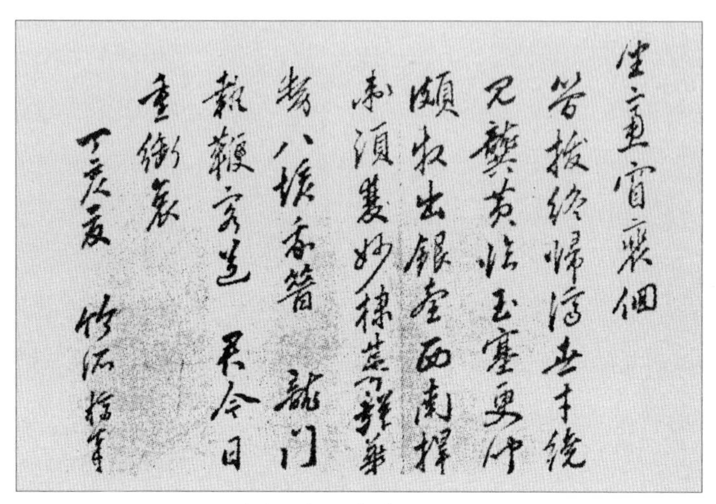

김광욱의 글씨, 「근묵」에서

로 나갔고, 경직京職에 복귀하여 병조참의가 되었다. 1644년 부승지 겸 세자빈객으로서 세자를 배종하여 청에 다녀왔다. 그 뒤 도승지 · 병조참판 · 호조참판을 거치고, 1649년 효종 즉위 후 형조판서 · 한성부판윤을 역임했다. 1650년(효종 1)에는 경기도 관찰사로 나가 변사기의 역모를 적발하여 고발하였다. 그 후 개성유수에 제수되었으며, 1654년 동지사로서 다시 청에 다녀왔다. 귀국하여 지중추부사 겸 판의금부사를 거쳐 지돈령부사가 되고 다시 형조판서에 임명되었다. 우참찬에 이어 좌참찬에 올라 치사致仕하기를 청하였다. 성품은 단아하였고 교유交遊를 즐겨하지 않았다. 시호는 문정文貞이다. 문예와 글씨에 뛰어났으며, 「장릉지장長陵誌狀」을 찬하였다. 저서에는 『죽소집』이 있다. 남양주 와부읍 덕소리 석실에 묘역이 있다.

작품은 전액篆額으로는 남양주에 소재하는 것으로는 남양주 화도읍 유성증兪省曾 신도비, 와부읍 김상준金尙寯 신도비 진접읍 이광李珖 신도비, 수석동 조존성趙存性 신도비, 포천 정유길鄭惟吉 신도비, 영암 도갑사 도선국사수미선사비명전제道岬寺道詵國師守眉禪師碑銘篆題, 여주 한백겸韓百謙 신도비 전액 등이 있다.

참고문헌

『선조실록』; 『광해군일기』; 『인조실록』; 『국조인물고』; 『국조인물지』; 『국조문과방목』; 한국정신문화연구원, 『한국민족문화대백과사전』 4, 1991 ; 안동김씨대동보 간행위원회, 『안동김씨세보』, 1982. ; 『청북서화가명자호보』 ; 『동국문헌필원편東國文獻筆苑』; 『石室』.

[http://남양주타임즈 2010.7.19]

구일具鎰

1620.2.25(광해군 12)~1695.11.9(숙종 21)

조선 중기 무신으로 자는 중경重卿, 본관은 능성綾城이다. 증조부는 구사맹具思孟이며, 할아버지는 구굉具宏이고, 아버지는 구인기具仁堅이다.

1642년(인조 20) 진사가 되고, 1644년 세마洗馬를 거쳐, 1646년 공신의 적장자嫡長子라 하여 품계가 올라 와서별제瓦署別提에 임명되었다. 1647년 공조좌랑에 임명되었으나 외직에 있는 부친을 시봉하느라 내직의 벼슬을 할 수 없었다. 1656년(효종 7) 금부도사가 되고, 1658년에 횡성현감으로 나가 묵은 땅을 개간하는 등 치적이 있어 송덕비가 세워졌다. 1664년(현종 5) 남평현감을 거쳐, 1667년에 사재감첨정司宰監僉正이 되었다. 1668년 무과별시에 급제하여 도총부경력都摠府經歷·훈련원부정訓練院副正을 역임하고 이듬해 홍양영장洪陽營將이 되었는데, 아버지 구인기具仁堅의 병이 위독하여 왕의 특명으로 해직을 허락받았다. 1670년 장단부사가 된 얼마 후 황해도 병마절도사를 거쳐, 1672년에 경기수군절도사가 되었으나 병으로 그만두었다. 1674년 금군별

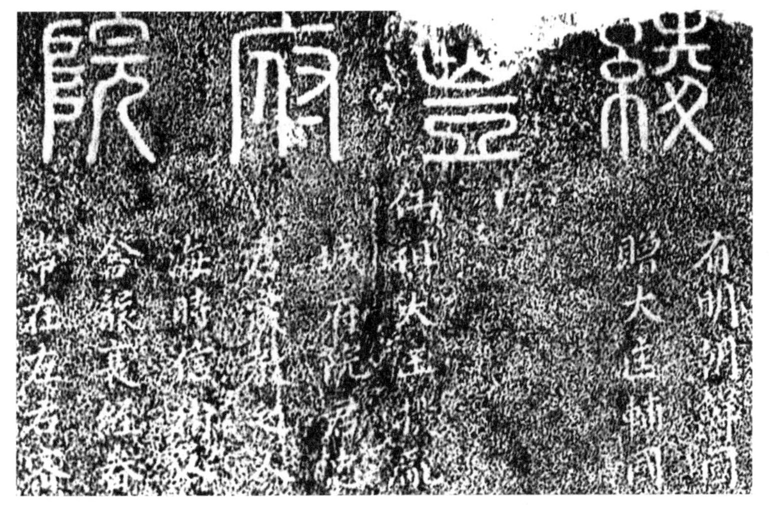

구일의 글씨, 「구인기 신도비」에서

장禁軍別將을 거쳐 1675년(숙종 1)에 한성부 우윤으로 승진되고 총관總管이 포도대장을 겸하였다. 1678년 능평군綾平君으로 봉해지고, 이듬해 당시 영의정 허적許積의 아들 허견許堅이 세력을 믿고 양가의 부녀를 간음하였는데, 그 죄를 다스렸다가 오히려 무고誣告를 입어 김해에 유배되었다. 1680년 특별히 한성부판윤 겸융사摠戎使에 임명되고, 1688년 지돈녕부사가 되었다. 1689년 기사환국己巳換局으로 대간의 탄핵을 받아 삭직당하여 송추에서 은거하였다. 1694년 갑술환국甲戌換局으로 지훈련원사 등에 제수되었으나 병으로 사직하였다. 1695년(숙종 21) 11월 9일 옛 집에서 79세를 일기로 사망하여, 양주 선영 해좌에 부인 전의 이씨와 합장하였다. 묘역은 남양주 금곡동 군장리에 있다.

참고문헌

『현종실록』; 『숙종실록』; 『국조인물고』; 『연려실기술』; 한국정신문화연구원, 『한국민족문화대백과사전』 3, 1991 ; 양주군지편찬위원회, 『양주군지』 하, 1992.

[http://남양주타임즈 2010.7.23]

박문수朴文秀

1691(숙종 17)~1756(영조 32)

조선 후기 문신이자 학자로 자는 성보成甫, 호는 기은耆隱, 본관은 고령高靈이다. 벼슬은 판돈녕부사를 지냈다.

1723년(경종 3) 증광문과에 급제하여 사관史官이 되었다. 1724년(경종 4) 병조정랑兵曹正郞에 올랐다가 노론老論이 집권으로 삭직당했다. 1727년(영조 3) 정미환국丁未換局으로 소론少論이 득세하자 사서司書에 등용되어 영남 암행어사로 나가 부정관리들을 적발했다. 이듬해 이인좌李麟佐의 난 때는 종사관從事官으로 출전, 공을 세워 경상도 관찰사에 발탁되고, 분무공신奮武功臣 2등에 책록되어 영성군靈城君에 봉해졌다.

1730년(영조 6) 호서어사湖西御史로 기민飢民 구제에 힘썼으며, 1734년(영조 10) 진주부사陳奏副使로 청나라에 다녀온 뒤 병조판서 등을 지냈다. 1738년(영조 14) 다시 동지사冬至使로 청나라에 다녀온 뒤, 앞서 안동서원安東書院을 철폐시킨 일로 탄핵을 받아 풍덕부사豊德府使로 좌천되었다. 1741년(영조 17) 어영대장御營大將에 이어 함경도 진휼사賑

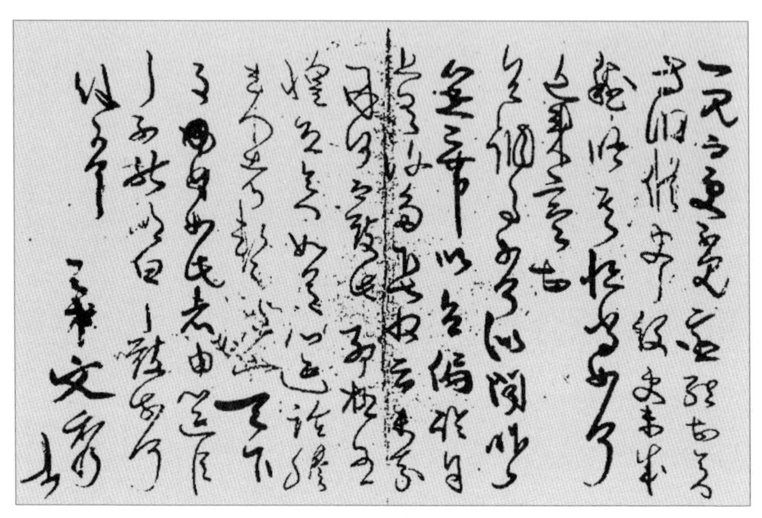

박문수의 글씨, 「근묵」에서

恤使로 나가 경상도의 곡식 1만 섬을 실어다가 기민을 구제하여 송덕비가 세워졌다.

그 후 병조판서를 지내고 경기도 관찰사가 되었으나 부임하지 않아 황해도 수군절도사로 좌천되었다. 1749년(영조 25) 호조판서가 되어 양역良役의 폐해를 논하다가 다시 충주목사忠州牧使로 좌천되었다. 그 뒤 영남균세사嶺南均稅使 등을 거쳐 세손사부世孫師傅를 지내고, 1752년(영조 28) 왕세손(王世孫:琔) 이 죽자 약방제조藥房提調로서 책임을 추궁당해 제주濟州에 안치, 이듬해 풀려나 우참찬右參贊이 되었다.

군정軍政과 세정稅政에 밝았으며, 암행어사 때의 많은 일화가 전해지고 있다. 남양주 조안면 마현에 별서別墅 송정松亭이 있었다.

저서로는 『탁지정례度支定例』·『국혼정례國婚定例』가 있고, 작품으로는 안성 오명항토적송공비吳命恒討賊頌功碑가 있다. 시호는 충헌忠憲이다.

참고문헌

『경종실록』; 『영조실록』; 『한국민족문화대백과사전』 8, 1991 ; 『연여실기술』; 『국조방목』.

[http://남양주타임즈 2010.7.27]

임창순任昌淳

1914–1999

광개토대왕비문탁본, 청명본

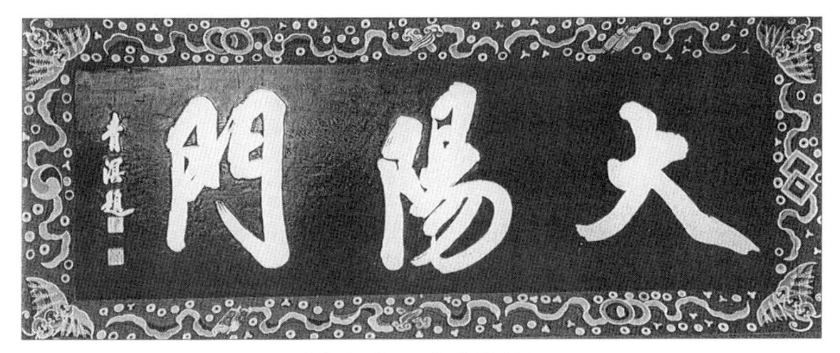

임창순의 글씨, 「대양문」

현대 서예가이자 금석학자로 호는 청명靑溟, 본관은 풍천豊川이다. 작품으로는 경복궁 건순각健順閣 현판, 「국강상광개토경평안호태왕비」 탁본 등이 있다. 충북 옥천에서 태어났다.

어려서 할아버지에게 천자문을 배우며 한문을 처음으로 접하였다. 가난한 살림 때문에 학교를 다니지 못하다가 14세 때 관선정 서당을 만나서 사서오경을 배우고 작문을 지어 팔십 평생 학문의 길에 들어섰다. 20세 전후에 서당을 떠나 노동자 생활을 하는 틈틈이 한문 공부와 독학으로 국어와 국사 실력을 쌓아 중등교원 자격시험 국사과에 수석, 국어과에 차석으로 합격하여 선생의 길로 들어섰다. 대구사범학교를 거쳐 국사편찬위원회에 관여하였으며, 이후 동양한의과대학(경희대학교 한의대 전신) 전임강사로 지내다 성균관대학교로 옮겼다. 이때 논문으로 교수자격을 획득하였다. 양심적 지식인으로 4·19 혁명 과정에서 교수단 시위를 주도하는 등 현실문제에 관심이 많았

「향토문화」, 임창순 선생이 필자 임병규에게 준 글

다. 5 · 16군사쿠테타 이후 정부의 사임압력으로 사직서를 제출하고, 1964년 인혁당사건으로 감옥살이를 하기도 하였다. 이후 교단으로 돌아가지 못하고 후학양성에 힘썼다.

강단을 떠난 이후 글을 배우려는 학생들을 가르치게 되었는데, 이것이 태동고전연구소이다. 이후 남양주시 수동면 지둔리에 지곡서당을 지어 후학 양성에 힘썼다. 평소 소장하고 있던 고서화와 자택 등 사재를 털어 고전종합연구소인 청명문화재단을 설립하였다.

저서로는 『당시언해唐詩精解』, 『한국의 서예』, 『한국미술전집』, 『한국금석집성』, 『단권시역單劵新譯』 등이 있다.

[http://남양주타임즈 2010.7.31]

민제인閔齊仁

1493(성종 24)~1549(명종 4)

조선 중기 문신으로 자는 희중希仲, 호는 입암立巖, 본관은 여흥驪興이다. 아버지는 전적典籍을 지낸 민구손閔龜孫이며, 어머니는 언양 김씨彦陽金氏이다.

1520년(중종 15) 진사시에 합격하고 같은 해 별시 문과에 병과로 급제하여 사가독서하다가 이듬해 승정원주서로 탁용되었다. 그러나 이때 『척간유생도기擲奸儒生到記』를 가필하였다고 하여 탄핵을 받아 잠시 물러났다. 김안로金安老가 물러난 1525년 춘추관기사관으로 다시 등용되어 사필史筆에 종사하였고, 1528년(중종 23) 사간원정언을 거쳐 1531년(중종 26) 이조정랑에 올랐다. 이어서 성균관사성으로 승진하였는데, 이때에 문신제술시文臣製述試에서 수석을 차지하였다. 1536년(중종 31) 호조참의를 거쳐 홍문관 부제학·사간원 대사간을 역임하고, 1538년(중종 33) 승정원 동부승지가 되었다. 이때에 국왕의 명을 받아 「구언전지求言傳旨」를 지어올렸다. 승정원에서 3년 봉직한 뒤, 1541년(중종 36) 외직으로 나아가 평안도 관찰사가 되었고, 이어서 사헌부대

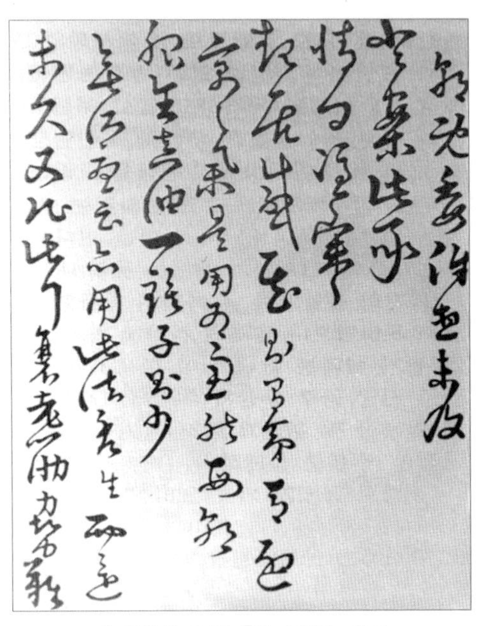

민제인의 글씨, 「명가필보」에서

사헌 · 형조참판을 역임하였다. 중종中宗이 죽자, 고부청시청승습사告訃請諡請承襲使로 명나라에 다녀왔다.

인종仁宗 때 사헌부 대사헌을 다시 역임하고, 명종明宗이 즉위하자 호조판서가 되어 윤원형尹元衡에게 의부하여 을사사화乙巳士禍를 일으켜 윤임尹任 등을 제거하는 데 앞장섰다. 그리하여 추성위사홍제보익공신推誠衛社弘濟保翼功臣 2등에 책록되고 여원군驪原君에 봉해졌다. 이어서 병조판서 · 이조판서를 역임하고 우찬성을 거쳐 1547년(명종

2) 좌찬성에 올라 진휼사를 겸임하여 민심 안정을 위하여 노력하였다. 1548년(명종 3) 윤원형일당은 을사사화를 은폐시키고자 당시 시정기時政記의 집필자인 안명세安名世를 죽이고 시정기를 고치려 하였다. 이에 그 불가함을 역설하다가 간당奸黨들에게 미움을 받아 파직되고, 이어 대사간 진복창陳復昌 등의 탄핵으로 녹훈이 삭제되고 공주로 귀양갔다. 적소에서 을사사화에 참여하여 많은 선비에게 화를 입힌 것을 후회하고 지내다가 죽었다. 문장과 역사에 능통하였으며, 저술로는 『입암집』 6권이 있다. 남양주 일패동 명우리에 묘소가 있고 신도비와 묘비가 있다.

참고문헌

『중종실록』;『명종실록』;『국조인물고』;『연려실기술』;『조선인명사서』; 한국정신문화연구원, 『한국민족문화대백과사전』 8, 1991 ; 여흥민씨세계보간행위원회, 『여흥민씨세계보』, 1974.

[http://남양주타임즈 2010.8.5]

김수흥金壽興

1626(인조 4)~1690(숙종 16)

김수흥의 묘 ©임병규

조선 중기 문신으로 자는 기지起之, 호는 퇴우당退憂堂 · 동곽산인東郭散人, 본관은 안동安東이다. 우의정 김상헌金尙憲의 손자이고 생부는 동지중추부사 김광찬金光燦이다. 양부는 동부승지 김광혁金光爀이고, 양모는 광산 김씨로 동지중추부사 김존경金存敬의 딸이다. 영의정 김수항金壽恒의 형이다.

1648년(인조 26) 사마시를 거쳐 1655년(효종 6) 춘당대문과에 병과로 급제하고 이듬해 문과중시에 역시 병과로 급제한 뒤 부교리 · 대사간 · 도승지 등을 역임하였다. 1666년(현종 7)에 호조판서, 1673년에 판의금부사가 되고 이듬해 영의정에 올랐다. 효종의 비인 인선왕후仁宣王后가 죽자 조대비(趙大妃:자의대비)가 어떤 상복을 입을 것인가 하는 문제로 남인에게 몰려 부처될 뻔하였고, 그해 8월 현종이 죽자 양사의 탄핵으로 춘천에 유배되었다가 이듬해 풀려나와 와부 율석리로 물러가 살았다. 1680년(숙종 6) 경신대출척庚申大黜陟으로 서인이 재집권하자 영중추부사에 이어 다시 영의정에 올랐으나, 1689년 기사환국己巳換局으로 남인이 다시 집권하자 장기에 유배되어 이듬해 배소에서 죽었다. 그는 송시열宋時烈을 마음의 스승으로 존경하여 그의 뜻에 따랐고, 『주자대전朱子大全』 · 『어류語類』 등을 탐독하였다. 역대의 왕에게 시폐소時弊疏를 올려 백성의 편에서 정치하기를 힘쓰도록 하고 정치의 혁신을 여러 번 건의했다. 저서로는 『퇴우당집』 5책이 전해지고 있다. 시호는 문익文翼이다. 남양주 와부읍 석실에 묘소가 있다.

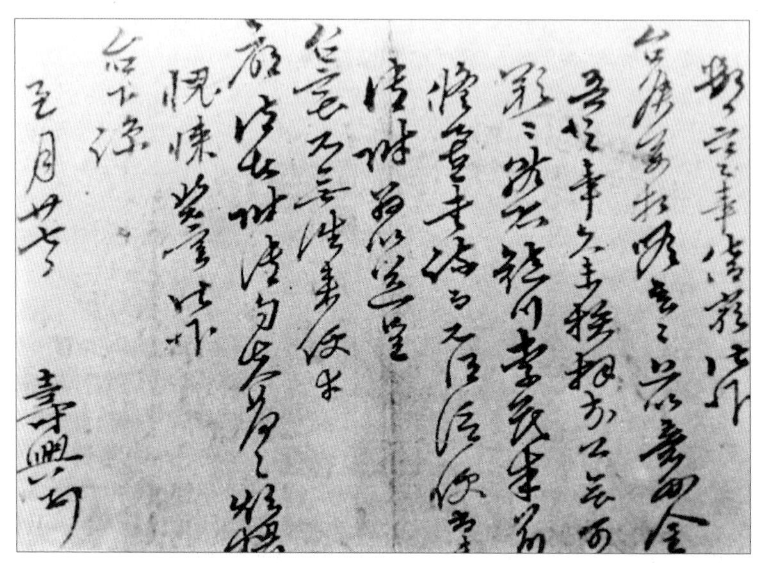

김수흥의 글씨, 「근묵」에서

참고문헌

『퇴우당집』; 『현종실록』; 『숙종실록』; 『국조인물고』; 『국조인물지』; 『조선인명사서』; 『한국인명대사전』, 신구문화사, 1976 ; 한국정신문화연구원, 『한국민족문화대백과사전』 4, 1991 ; 안동김씨대동보 간행위원회, 『안동김씨세보』, 1982.

[http://남양주타임즈 2010.8.8]

김시습金時習

1434~1493

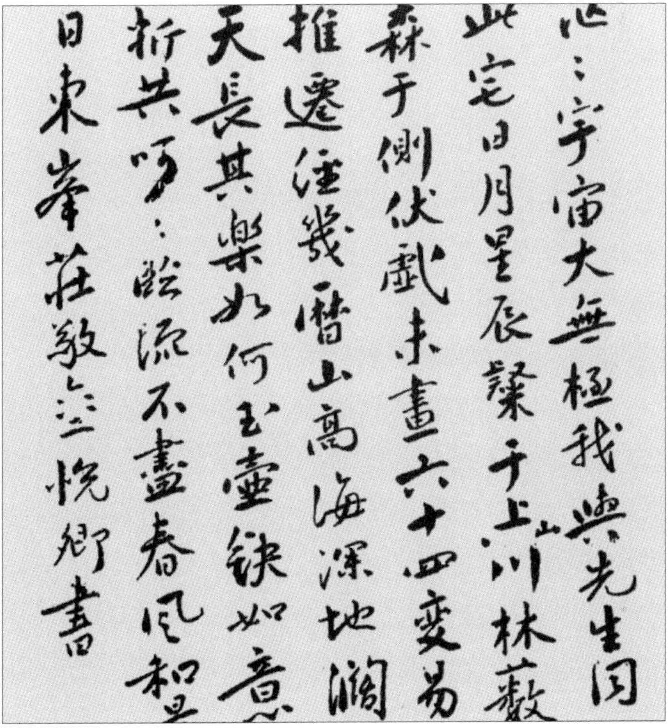

김시습의 글씨

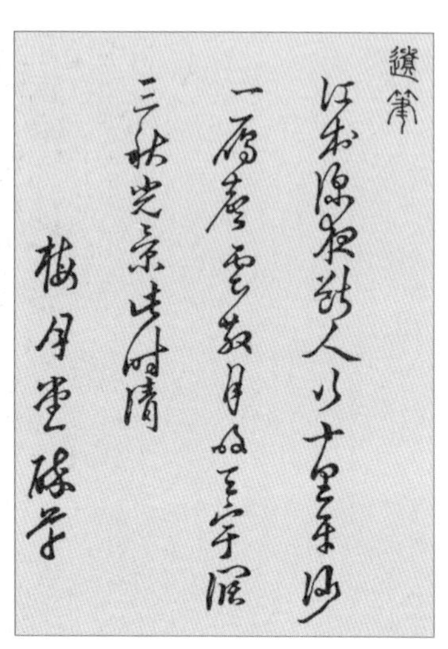

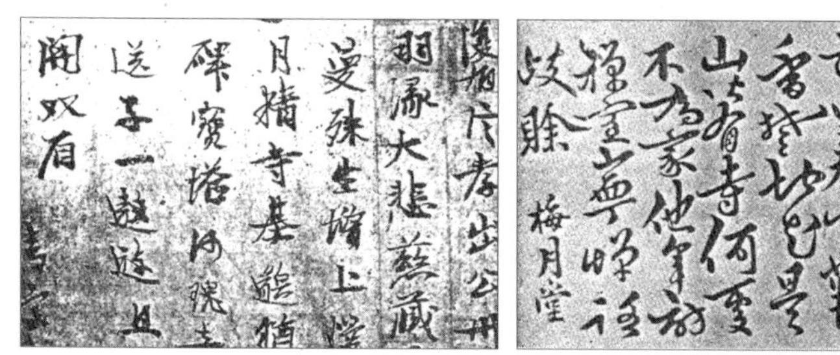

김시습 시고(성균관대)

조선 초기 학자로 자는 열경悅卿, 호는 매월당梅月堂·동봉東峰·벽산청은碧山淸隱·청한자淸寒子·췌세옹贅世翁, 본관은 강릉이다. 단종端宗이 폐위되자 승려가 되어 설잠雪岑이라 하였다.

김시습은 자신이 젊었을 때와 늙었을 때의 두 그림을 그리고 스스로 찬贊하기를, “네 형상이 이다지도 못생기고 네 마음은 이렇게도 어리석으니 너는 개천 구덩이에 버려야 마땅하다.”고 쓰고 있다. 이를 홍산鴻山 무량사無量寺에 버려져 있던 것을 현감 곽시郭翅가 수습하여 절 옆에 사당을 짓고 초상을 모셔 제사를 올렸다. 매월당은 남양주 별내면 수락산水落山의 수락정사水落精舍와 성동구 폭천정사瀑泉精舍를 오가며 10여 년을 생활하였으며, 다수의 시를 남겼다. 작품으로는 김동봉자화노소이상金東峰自畵老少二像이 있다.

참고문헌

『매월당집』;『동해명신록』;『미수기언』;『근역서화징』;『청북서화가명자호보』;『남양주의 사찰』.

[http://남양주타임즈 2010.8.12]

김광혁金光爀

1590(선조 23)~1643(인조 21)

조선 후기 문신으로 자는 회경晦卿, 호는 동림東林, 본관은 안동이다. 부사 김상관金尙寬의 아들로 문정공 김상헌金尙憲의 조카이고, 영의정을 지낸 김수흥金壽興은 그의 양자이다.

젊어서 진사가 되었지만 광해군光海君 때에는 과거공부를 계속하지 않았다. 그 후 1623년 인조반정仁祖反正이 일어나자 참봉이 되었고, 이듬해 알성문과謁聖文科에 을과로 급제하여 승문원권지에 보임되었다. 1625년 세자시강원설서가 되었으며, 예문관검열을 거쳐 사간원정언을 역임하였다. 1630년 교리가 된 뒤 헌납·수찬을 지냈다. 1636년(인조 14) 병자호란丙子胡亂이 일어나자 체찰사體察使의 종사관으로 호남湖南을 순찰하였으며, 이듬해 이조정랑이 되었다. 그 후 사진仕進을 달갑게 여기지 않아 물러나 호남에 은거하였다. 그러자 조정에서는 그에게 광주목사光州牧使를 제수하였다.

1638년에는 사헌부집의에 임명되었으며, 검상·사인을 거쳐 1640년에 예문관응교·동부승지 등을 역임하였다. 예법禮法의 가

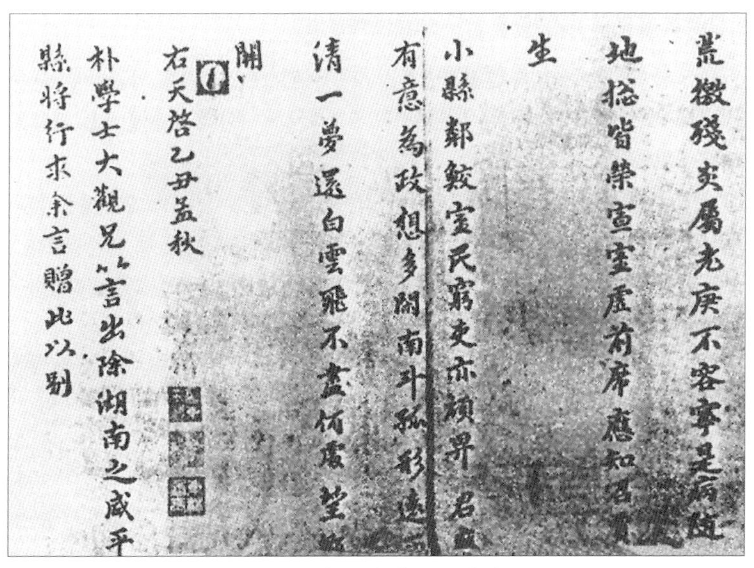

김광혁의 글씨, 「근묵」에서

정에서 태어났으며, 재주가 뛰어났다. 남양주 와부읍 율석리에 묘역이 있다.

참고문헌

『인조실록』; 『국조방목』; 『국조인물고』; 『국조인물지』; 『연려실기술』; 『조선인명사서』; 『한국인명대사전』, 신구문화사, 1976 ; 한국정신문화연구원, 『한국민족문화대백과사전』 4, 1991 ; 안동김씨대동보 간행위원회, 『안동김씨세보』, 1982.

[http://남양주타임즈 2010.8.14]

유성증兪省曾

1576(선조 9)~1649(인조 27)

조선 중기 문신으로 자는 자수子修, 호는 우곡愚谷 · 요곡拗谷, 본관은 기계杞溪이다. 선무랑 유대의兪大儀의 아들이며, 어머니는 이승서李承緖의 딸이다.

1610년(광해군 2)에 사마시를 거쳐, 1619년 별시 문과에 장원급제하여 예조좌랑이 되었다. 대북정권이 들어서자 사직하고, 조도사調度使 이창정李昌庭의 막하가 되었다. 호조좌랑으로 있을 때 그의 아우 유세증兪世曾이 이이첨李爾瞻과 가까이하여 그를 동요하였으나 조금도 흔들리지 않았다. 이때 영남 유생들이 이이첨을 탄핵하는 상소를 하였는데, 그 상소문을 그가 써준 탓으로 투옥당하였다. 한 달 후에 신병으로 출옥하였고, 1623년에 인조반정仁祖反正으로 다시 서용되었다. 1627년(인조 5) 정묘호란丁卯胡亂 때 사헌부지평으로서 인조를 강화도로 호종하고 척화斥和를 주장하였다. 그 뒤 집의로 있을 때에는 호란胡亂 후의 수습책으로 「양전量田의 실시」, 「대동법大同法의 실시」, 「부역의 공평한 부과」, 「충신 · 효자 · 열녀의 표창」 등을 건의하기도 하였

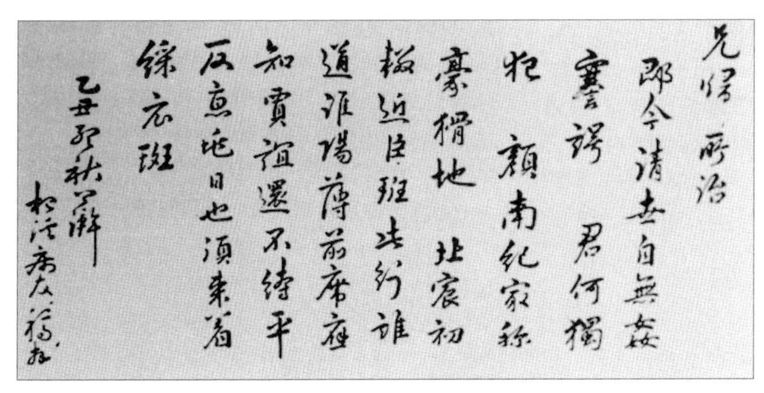

유성증의 글씨, 「근묵」에서

다. 그 뒤 사헌부장령 · 홍문관수찬 · 사간원사간 · 승정원 동부승지 등을 역임하였다. 1636년 병자호란 때에는 강화로 들어가 파수대장把守大將으로 활약하였으나 역부족이였다. 그 후 승지에 임명되었으나 사퇴하였고, 뒤에 강원도 관찰사 · 예조참의 등을 지냈다.

사람됨이 너그럽고 믿음직하여 장자長者의 풍모가 있었다. 남의 말을 즐겨하지 않았고, 인심을 수습하여 민생을 안정시키는 데 역점을 두었다. 묘는 남양주 화도읍 차산리에 신도비와 함께 있다.

참고문헌

『광해군일기』; 『인조실록』; 『국조문과방목』; 한국정신문화연구원, 『한국민족문화대백과사전』 17, 1991.

[http://남양주타임즈 2010.8.17]

김광찬金光燦

1597(선조 30)~1668(현종 9)

김광찬의 묘 ⓒ임병규

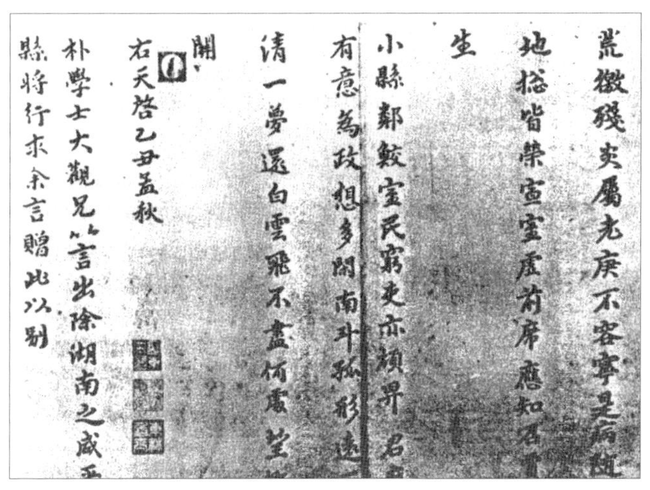

김광찬의 글씨, 「근묵」에서

조선 후기 문신으로 자는 사회思晦, 호는 운수거사雲水居士, 본관은 안동安東이다. 부사를 역임한 김상관金尙寬의 둘째 아들로 김종서金宗序를 중요시하는 할아버지 김극효金克孝의 뜻에 따라 작은 아버지인 문정공文正公 석실선생石室先生 김상헌金尙憲에게 출계出系하였다.

광해군 때에는 벼슬에 뜻을 두지 않다가 1627년(인조 5) 생원시에 2등으로 합격하였다. 음보蔭補로 세사익위사세마가 되었으며, 병자호란丙子胡亂 때 아버지를 따라 남한산성으로 인조를 호종하였다. 통진 · 교하현감 등 지방관을 역임하고, 공조참의 · 청풍군수 · 파주목사를 지냈다. 그 후 둘째 아들 수홍壽興과 막내 아들 수항壽恒이 함께 영달하자 1668년(현종 9) 왕의 특명으로 종2품 가선대부嘉善大夫에 오르고 동지중추부사에 제배되었다. 1637년 아버지 김상헌金尙憲이 척화斥和를 주장하며 자살을 기도했을 때 적극적으로 만류하지 않았다는 비난을 받기도 하였다. 성품은 깨끗하고 공손하였으며, 특히 효성이 지극하여 양부養父 김상헌이 청나라에 끌려가자 호곡하기를 그치지 않았다고 한다. 남양주 와부읍 덕소리 석실에 묘역이 있고 묘비도 남아 있다.

참고문헌

『현종실록』; 『국조인물고』; 『조선인명사서』; 『연려실기술』; 한국정신문화연구원, 『한국민족문화대백과사전』 4, 1991 ; 안동김씨대동보 간행위원회, 『안동김씨세보』, 1982.

[http://남양주타임즈 2010.8]

안석주安碩柱

1901–1950

본관은 순흥이며·호는 석영夕影이다. 서울 휘문고등보통학교를 졸업하고 특기인 서양화를 공부하여 1921년 동아일보의 연재소설 「환희」(나도향 작)에서 삽화를 그리기 시작함으로써 우리나라 신문소설 삽화계의 선구자가 되었다. 재주가 비범하여 1922년 신연극운동을 하는 토월회土月會와 문학활동을 하는 「백조白潮」의 동인으로 활동하였다. 휘문고등보통학교 미술교사를 지내기도 하였다. 1924년 동경본향양우연구소東京本鄕洋禹硏究所 졸업, 동아일보 학예부장, 조선일보 학예부장을 거치며 삽화를 도맡아 그렸고, 소설 「만추풍경」, 「연가」 등을 발표하고 영화계에 투신, 감독 겸 연출가도 겸했다. 대한영화협회 이사장, 전국문화단체총연합회 부회장을 역임했다. 안석주의 그림은 종래 단선의 필선인 동양화 기법에서 벗어나 전혀 새로운 중첩되고 반복적 필선을 사용하여 뎃상을 보는 듯한 묵직한 중후감을 준다. 묘역은 오남읍 과라리에 있다.

※ 안석주의 삽화

「임꺽정」(1928)

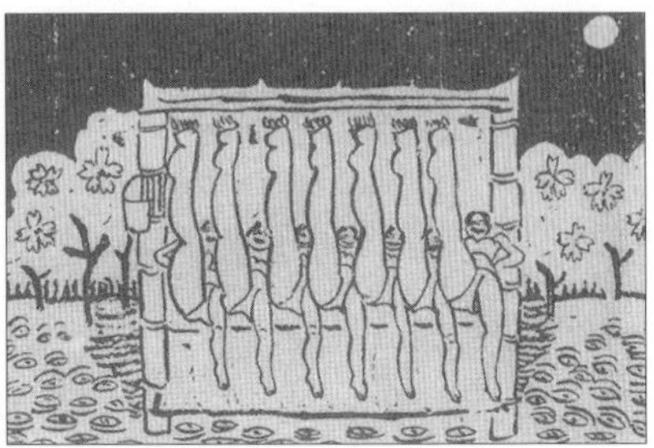

「창경궁 밤벚꽃놀이」(1928)

「삼대」(1931)

「고향」(1934)

[http://남양주타임즈 2010.8]

구성具宬

1558.9.22(명종 13)~1618.2.21(광해군 10)

구성의 묘 ⓒ임병규

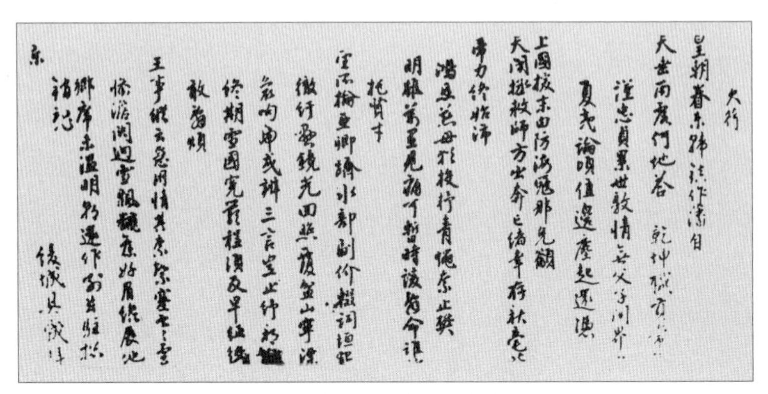

구성의 글씨, 『근묵』에서

조선 중기 문신으로 자는 원유元裕, 호는 초당草塘, 본관은 능성綾城이다. 좌찬성 구사맹具思孟의 아들이며, 인헌왕후仁獻王后의 오빠이다.

1585년(선조 18)에 사마시를 거쳐 별시 문과에 병과로 급제하여, 권지승문원부정자가 되고 곧 박사에 올랐다. 1589년(선조 22) 승정원주서로 천거되었으나 종형 구만(具만)이 한림翰林으로 있어 피혐避嫌하여 나아가지 아니하였다. 예조좌랑 · 지제교를 거쳐, 사간원정언으로 있을 때 기축옥사己丑獄死에 연루된 최영경崔永慶의 공초에 착오가 있어 파직되었다. 얼마 뒤에 병조좌랑으로 복직, 성균관 직강 · 병조정랑을 지냈다. 1592년 임진왜란壬辰倭亂 때 임금을 호위하여 개성에 이르러 변란의 책임이 이산해李山海에게 있다고 주장하다가 대간의 탄핵을 받았으나 이 일로 인하여 이산해는 평해에 유배되었다. 시강원 문학 · 사헌부 지평을 역임하고, 의주에 이르러 홍문관 응교 · 사헌부 집의 · 사간원 사간 · 사강원 필선을 역임하고, 1593년에 통정대부로 자급이 올라 동부승지 · 좌부승지 · 첨지중추부사를 거쳐서 1594년 우승지, 좌승지, 형조참의 · 병조참의를 역임하였다. 1596년 호조참판으로 주문사奏聞使가 되어 연경燕京에 다녀온 뒤 장례원판결사 · 해주목사를 지냈다. 1601년 대사성으로 승진하였으나 사퇴하여 임명되지 않았다. 1602년에 정인홍鄭仁弘 등이 기축옥사己丑獄死 문제를 다시 거론하면서 홍주로 유배되었다가, 1604년 부친상을 당하여 석방, 1605년 호성공신扈聖功臣 2등에 책록되었으나, 이 때 대간의 심한 논핵論劾이 있었다. 1618년(광해군 10)에 인목대비를 삭호시키고 서궁에 유폐시키자는 폐모론廢母論이 일어날 때, 이미 병이 있어 정청庭請에 참여하지 않았는데, 이를 처벌하자는 대간들의 논의가 막 시작될 즈음에 마침 병으로 죽음으로 끝이 났다. 인조반정仁祖反正 후 영의정에 추증되었다. 시호는 충숙忠肅이다. 시문집詩文集인 『초당집草塘集』이 전해진다. 묘역은 남양주 진건읍 배양리(옛지명은 양주 낙동 고좌리)에 있다.

참고문헌

『선조실록』; 『광해군일기』; 『인조실록』; 『국조인물고』; 『연려실기술』; 한국정신문화연구원, 『한국민족문화대백과사전』 3, 1991 ; 양주군지편찬위원회, 『양주군지』 하, 1992.

[http://남양주타임즈 2010.8]

윤심 尹深

1633(인조 11)~1692(숙종 18)

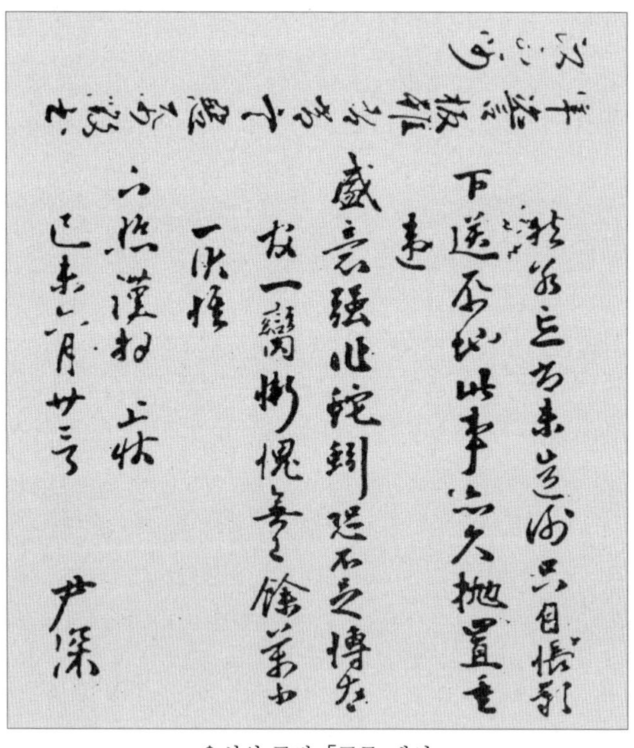

윤심의 글씨, 「근묵」에서

윤심의 글씨, 「정효준 신도비」에서

조선 후기 학자로 자는 현통玄通, 호는 징암徵庵, 본관은 파평坡平이다. 몽유夢游 윤집尹鏶의 아들이다.

1660년(현종 1) 증광문과增廣文科에 갑과로 급제, 홍문관정자가 되었고, 봉교 · 지평 · 부교리 · 부수찬 · 이조좌랑 등을 거쳤으며, 1664년(현종 5)에 대사간 남용익南龍翼, 정언 정창도丁昌燾 등과 창원현감의 파직을 청하다가 관직에서 물러났으나, 다시 제주시재어사濟州試才御史가 되어 제주도의 문무사文武士를 시험하였다.

또한, 제주의 해변 형세를 자세히 살펴 방비를 철저히 할 것과 먼 곳을 살필 수 있게 누대가 있는 배의 건조를 주장하였다.

1672년(현종 13) 헌납으로 있을 때, 사복시정司僕寺正 박지朴贄가 사대부로서 체통을 지키지 못하는 바가 많으니 파직시킬 것을 청하였다.

1673년 집의가 되고, 다음해 뱃길에 밝다 하여 총호사摠護使 김수홍金壽興의 청으로 뱃길을 살폈다.

1674년(숙종 즉위) 대사간에 오르고, 이듬해 경기도 관찰사가 되었다.

1677년(숙종 3) 과거의 시험관으로서 시험문제를 잘못 출제하였다 하여 연안에 귀양갔다가 이듬해 이조판서 오시수吳始壽의 천거로 도승지에 임명되었으며, 이해에 강화유수로서 진무사鎭撫使를 겸하였다.

1679년(숙종 5) 개성유수가 되어, 치수사업에 힘썼으며, 허적許積·권대운權大運 등과 함께 송시열의 죄과를 규찰할 것을 청하였다.

1680년(숙종 6) 파직되었다가 1689년(숙종 15) 기사환국己巳換局으로 서인이 추방당하자 다시 기용되어 공조판서, 병조판서를 거쳐 지돈령부사에 이르렀다.

예서에 뛰어났으며, 작품으로는 춘천 청풍부원군 김우명金佑明 신도비, 남양주 정효준鄭孝俊 신도비 등이 있다.

참고문헌

『동국문헌필원편』; 『해동호보』; 『연려실기술』; 『해동금석총목』.

[http://남양주타임즈 2010.8]

이시원李始源

1753(영조 29)~1809(순조 9)

조선 후기 학자로 자는 경심景深, 호는 은궤隱几, 본관은 연안延安이다. 형조판서를 지낸 이민보李敏輔의 아들이며 정관재 이단상의 현손이다.

1777년(정조 1) 사마시司馬試에 합격하고 음사蔭仕로서 호조정랑이 되었다가, 1795년 식년문과에 을과로 급제하여 규장각 직각 · 교리를 거쳐 안악군수 · 대사성 · 경기도 관찰사 · 규장각 직제학 · 홍문관 부제학을 역임하고, 1802년(순조 2)에 사은부사謝恩副使로서 청나라에 다녀왔다. 이어 대사헌 · 이조판서를 거쳐 병조판서로 재직 중 죽었다.

묘는 남양주 진접읍 부평리에 있다. 작품으로는 남양주 이익신李翼臣 묘갈, 시흥의 이량신李亮臣 묘갈이 있다.

참고문헌

정한용, 『한국금석문대관(1권-연안이씨편)』, 고려금석원, 2000.

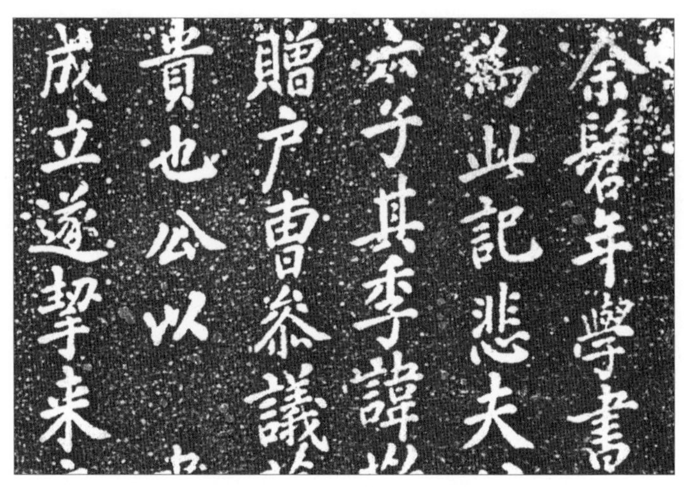

이시원의 글씨, 남양주 「이익신 묘갈」에서

이시원의 글씨, 시흥 「이량신 묘갈」에서

[http://남양주타임즈 2010.8]

편집 후기

1. 2008년 1월 1일자로 풍양문화연구소가 다산문화연구소로 개편됨에 따라 풍양문화시리즈가 다산문화시리즈로 계속하여 발간하고 있습니다. 많은 분들의 관심을 부탁드립니다.
2. 이 책은 다산문화연구소/남양주타임즈 공동기획으로 남양주타임즈에 연재되고 있는 「남양주 서화열전」 원고를 학생과 일반인들에게 널리 알리기 위해 『남양주 서 · 화가』로 발간하게 되었습니다.
3. 『남양주 서 · 화가』는 남양주시와 관련이 있는 서예가, 화가 등의 인물을 선정하여 관련 자료를 일반인들에게 알리기 위해 기획되었습니다.
4. 남양주타임즈와 다산문화연구소는 앞으로도 계속하여 다산문화시리즈를 발간하려고 합니다. 남양주 시민 여러분들의 관심을 부탁드립니다.
5. 끝으로 다산문화사리즈를 계속하여 출판해주시는 경인문화사 한정희 사장님 이하 관계자 여러분에게 진심으로 감사의 말씀을 드립니다.

필 자

임병규 한국탁본자료박물관 관장, 다산문화연구소 편집위원장

윤종일 서일대학 민족문화과 교수, 다산문화연구소 소장

김영만 대한민국국전 서예부문 대상 수상자

민경조 퇴계원산대놀이보존회 회장

편집위원(가나다順)

다산문화연구소
다산문화 시리즈 08

남양주 서·화가

인　쇄　2010년 9월 5일
발　행　2010년 9월 10일
필　자　임병규 · 윤종일 · 김영만 · 민경조
발행인　한정희
발행처　경인문화사
등록번호　제10-18호(1973. 11. 8)
편　집　신학태 김지선 문영주 안상준 정연규
영　업　이화표 · 관 리　하재일 양현주
주　소　서울특별시 마포구 마포동 324-3
전　화　02-718-4831~2 · 팩　스　02-703-9711
이메일　kyunginp@chol.com
홈페이지　http://www.kyunginp.co.kr

ISBN : 978-89-499-0738-3 04090
값 13,000원